Impressum
Verlag: BABADADA GmbH, Nedderfeld 112 , 22529 Hamburg
Geschäftsführer / Verlagsleitung: Harald Hof
Druck: Books on Demand GmbH, In de Tarpen 42, 22848 Norderstedt

Imprint
Publisher: BABADADA GmbH, Nedderfeld 112 , 22529 Hamburg, Germany
Managing Director / Publishing direction: Harald Hof
Print: Books on Demand GmbH, In de Tarpen 42, 22848 Norderstedt, Germany

de School

مدرسه

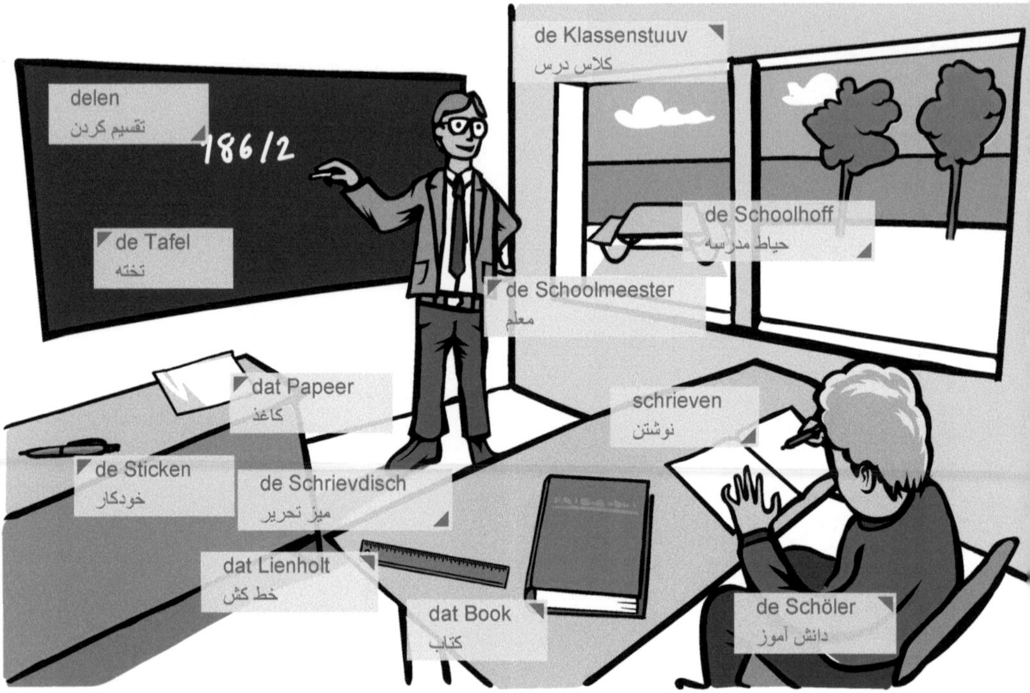
de Klassenstuuv
کلاس درس
delen
تقسیم کردن
186/2
de Tafel
تخته
de Schoolhoff
حیاط مدرسه
de Schoolmeester
معلم
dat Papeer
کاغذ
schrieven
نوشتن
de Sticken
خودکار
de Schrievdisch
میز تحریر
dat Lienholt
خط کش
dat Book
کتاب
de Schöler
دانش آموز

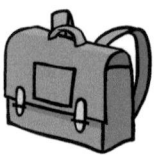

de Ranzel
کیف مدرسه

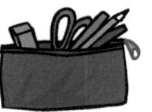

de Feddermapp
جامدادی

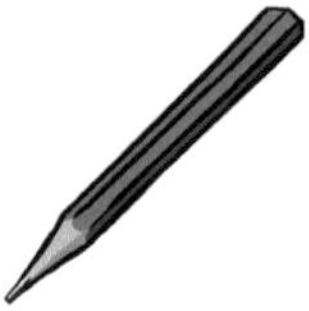

de Bleesticken
مداد

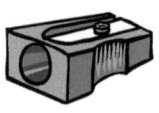

de Scharpmaker
تراش

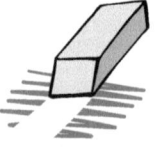

dat Radeergummi
پاک کن

de Tekenblock
دفتر رسم

de Teken

طراحی

de Pinsel

قلم مو

de Malkassen

جعبه ی آبرنگ

de Scheer

قیچی

de Klever

چسب

dat Heft to'n Öven

کتاب تمرین

de Huusopgaav

تکلیف خانه

de Tall

رقم

tohooptellen

جمع کردن

aftrecken

تفریق کردن

malnehmen

ضرب کردن

reken

محاسبه کردن

de Bookstaav

حرف الفبا

dat ABC

الفبا

dat Woort

کلمه

de Text

متن

lesen

خواندن

de Kried

گچ

de Stunn

درس

dat Klassenbook

ثبت نام

de Pröven

امتحان

dat Tüügnis

مدرک رسمی

de Schooluniform

لباس مدرسه

de Utbillen

تحصیلات

dat Nakieksel

دانشنامه

de Universität

دانشگاه

dat Mikroskop

میکروسکوپ

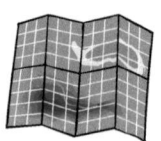

de Koort

نقشه

de Papeerkorf

سبد کاغذ باطله

de Törn

سفر

dat Hotel
هتل
Grand
de Harbarg
مسافرخانه
ROOMS
CHANGE
de Wesselstuuv
صرافی
de Kuffer
چمدان
dat Auto
اتومبیل

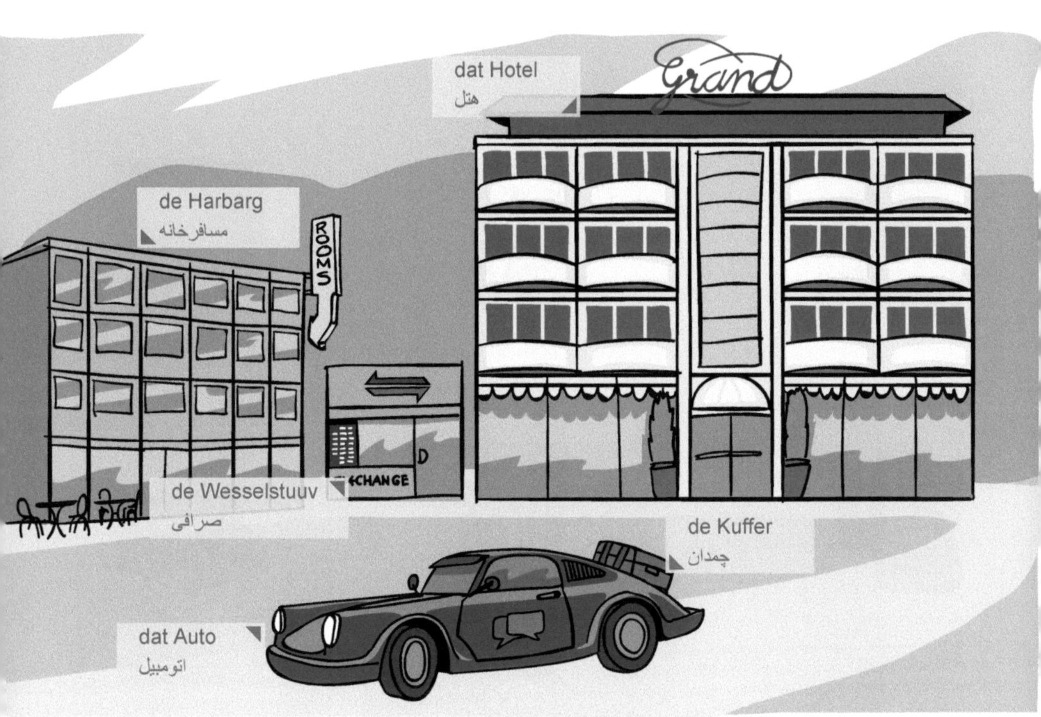

de Spraak

زبان

jo / ne

بله / خیر

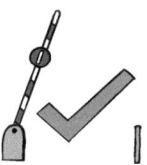

Jo

اکی

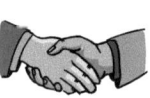

Moin

سلام

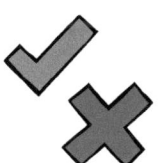

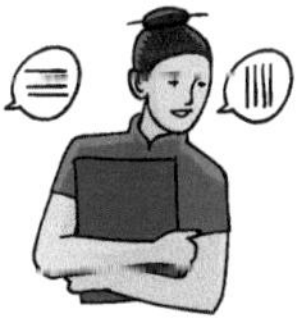

de Översetter

مترجم

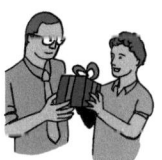

Dank ok

ممنون

Wat kost…?

قیمت … چه قدر است؟

Ik verstah nich

من متوجه نمی شوم

dat Problem

مشکل

Goden Avend

عصر بخیر! / شب بخیر!

Moin!

صبح بخیر!

Gode Nacht!

شب بخیر!

Tschüüs

خداانگهدار

de Richt

جهت

de Bagaasch

بار سفر

de Tasch

کیف

de Rüchsack

کوله پشتی

de Gast

مهمان

de Stuuv

اتاق

de Slaapsack

کیسه خواب

dat Telt

خیمه

de Touristeninformatschoon

مرکز راهنمای گردشگران

de Strand

ساحل

de Kreditkoort

کارت اعتباری

dat Fröhstück

صبحانه

dat Meddageten

نهار

dat Avendeten

شام

de Fohrkort

بلیط

de Fohrstohl

آسانسور

de Breefmark

مهر

de Grenz

مرز

de Toll

گمرک

de Bottschop

سفارتخانه

dat Visum

ویزا

de Pass

گذرنامه

de Transport
حمل و نقل

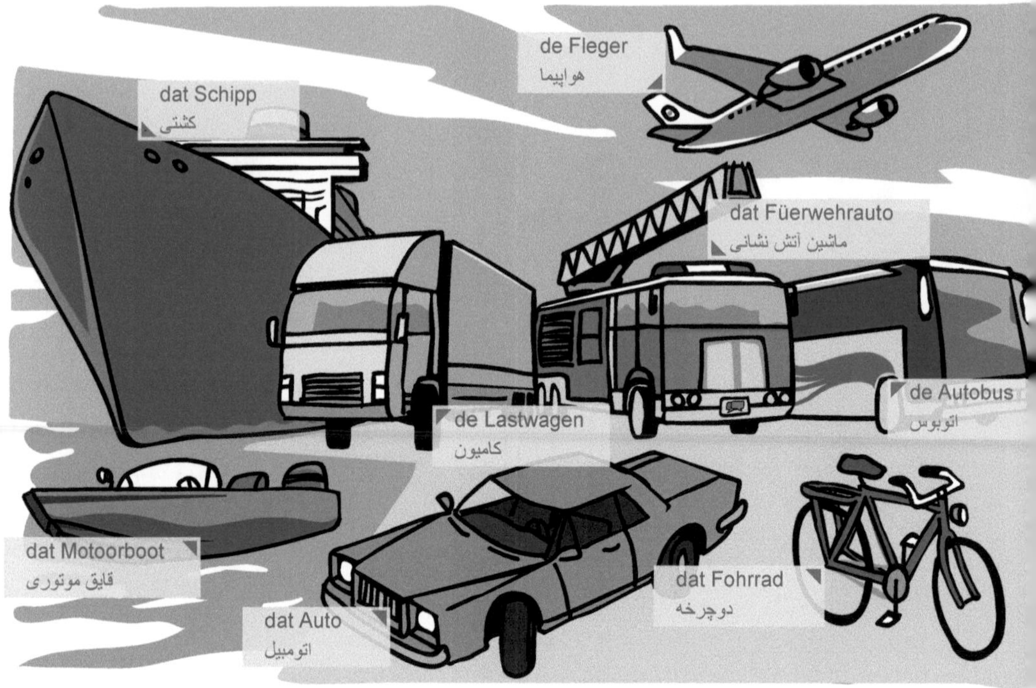

de Fleger
هواپیما
dat Schipp
کشتی
dat Füerwehrauto
ماشین آتش نشانی
de Autobus
اتوبوس
de Lastwagen
کامیون
dat Motoorboot
قایق موتوری
dat Fohrrad
دوچرخه
dat Auto
اتومبیل

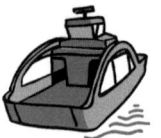

de Fähr
....
کشتی مسافربری

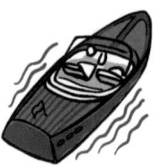

dat Boot
....
قایق

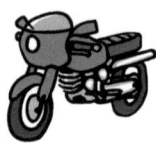

dat Motoorrad
....
موتورسیکلت

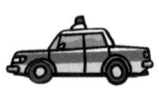

dat Polizeiauto
....
ماشین پلیس

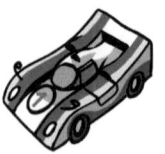

dat Rönnauto
....
ماشین مسابقه

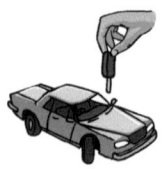

de Lehnwagen
....
ماشین کرایه ای

dat Carsharing

به اشتراک گذاری اتومبیل

de Afsleepwagen

جرثقیل

dat Müllauto

ماشین حمل زباله

de Motoor

موتور

de Kraftstoff

بنزین

de Tanksteed

پمپ بنزین

dat Verkehrsschild

تابلو راهنمایی و رانندگی

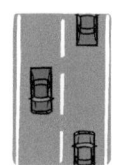

de Verkehr

عبور و مرور

de Stau

ترافیک

de Afstellplatz

پارکینگ

de Bahnhoff

ایستگاه قطار

de Sporen

ریل راه آهن

de Tog

قطار

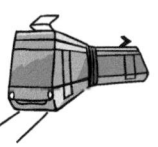

dc Stratenbahn

قطار برقی

de Wagon

واگن

de Dwarsmöhl

هلیکوپتر

de Flooghaven

فرودگاه

de Tower

برج

de Fohrgast

مسافر

de Grootkist

کانتینر

de Karton

کارتن

de Koor

گاری

de Korf

سبد

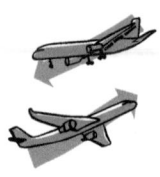

starten / lannen

به پرواز درآمدن / فرود آمدن

de Stadt

شهر

dat Dörp

دهکده

de Binnenstadt

مرکز شهر

dat Huus

خانه

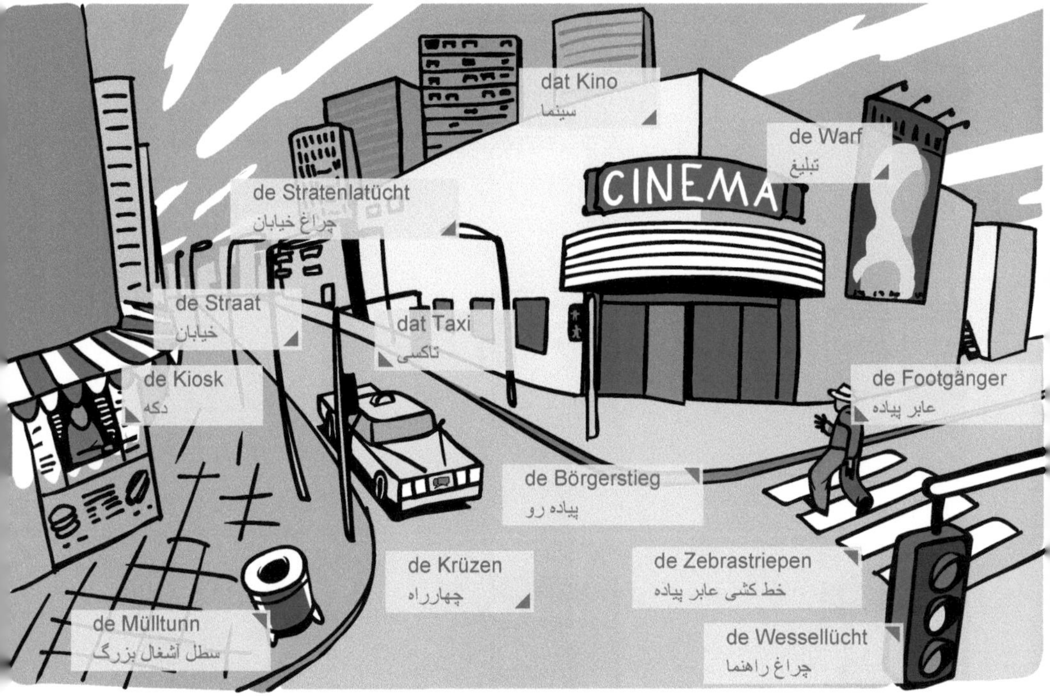

dat Kino
سینما

de Warf
تبلیغ

de Stratenlatücht
چراغ خیابان

de Straat
خیابان

dat Taxi
تاکسی

de Kiosk
دکه

de Footgänger
عابر پیاده

de Börgerstieg
پیاده رو

de Krüzen
چهارراه

de Zebrastriepen
خط کشی عابر پیاده

de Mülltunn
سطل آشغال بزرگ

de Wessellücht
چراغ راهنما

CINEMA

de Hütt
کلبه

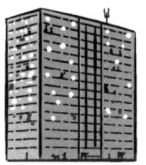

de Wahnung
آپارتمان

de Bahnhoff
ایستگاه قطار

dat Raathuus
ساختمان شهرداری

dat Museum
موزه

de School
مدرسه

de Universität

دانشگاه

de Bank

بانک

dat Krankenhuus

بیمارستان

dat Hotel

هتل

de Afteek

داروخانه

dat Büro

اداره

de Bookhökerie

کتابفروشی

de Hökerie

مغازه

de Blomenhökerie

گل فروشی

de Supermarkt

سوپرمارکت

de Markt

بازار

dat Koophuus

فروشگاه بزرگ

de Fischhökerie

ماهی فروش

dat Inkoopszentrum

مرکز خرید

de Haven

بندر

de Parkanlaag

پارک

de Bank

نیمکت

de Brüch

پل

de Trepp

پله

de Ünnergrundbahn

مترو

de Tunnel

تونل

de Busstoppsteed

ایستگاه اتوبوس

de Bar

میخانه

dat Spieslokal

رستوران

de Breefkassen

صندوق پست

dat Stratenschild

تابلوی خیابان

de Parkklock

دستگاه پارکومتر

de Deertenpark

باغ وحش

de Baadanstalt

استخر شنای عمومی

de Moschee

مسجد

de Buernhoff

مزرعه

de Ümweltversmudden

آلودگی محیط زیست

de Karkhoff

قبرستان

de Kark

کلیسا

de Speelplatz

زمین بازی

de Tempel

معبد

de Landschop

چشم انداز

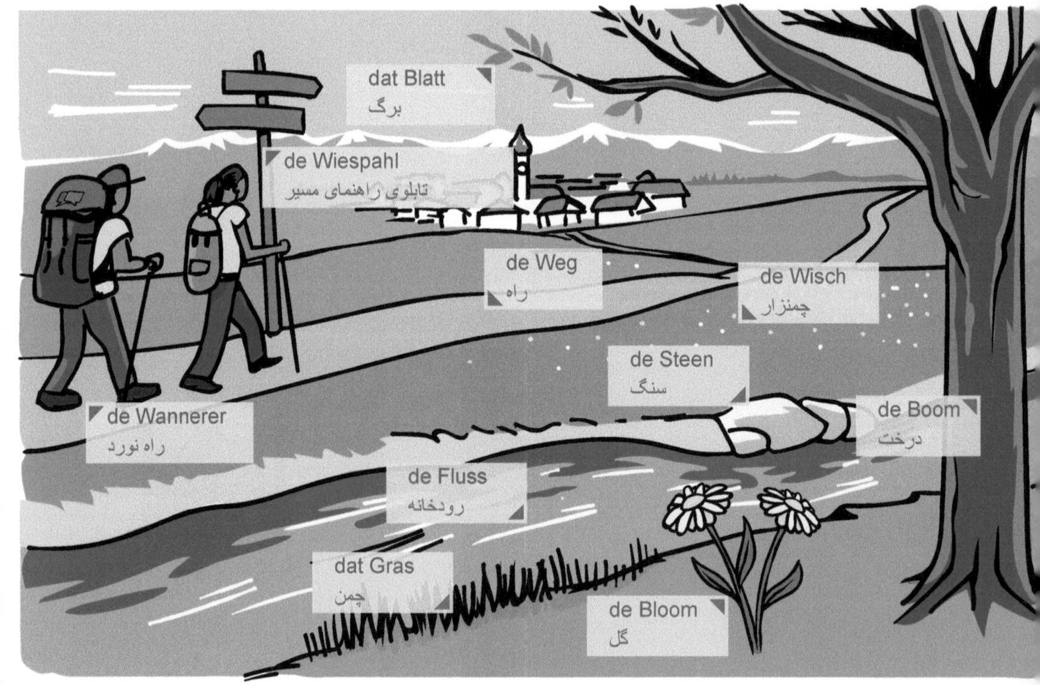

dat Blatt
برگ

de Wiespahl
تابلوی راهنمای مسیر

de Weg
راه

de Wisch
چمنزار

de Steen
سنگ

de Boom
درخت

de Wannerer
راه نورد

de Fluss
رودخانه

dat Gras
چمن

de Bloom
گل

dat Daal

درّه

de Barg

تپه

de See

دریاچه

dat Holt

جنگل

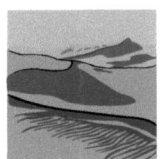

de Wööst

بیابان

de Füerspien Barg

کوه آتشفشان

dat Slott

قلعه

de Regenbagen

رنگین کمان

de Poggenstohl

قارچ

de Palm

درخت نخل

de Steekmück

پشه

de Fleeg

مگس

de Miegeemk

مورچه

de Imm

زنبور

de Spinn

عنکبوت

de Sebber
سوسک

de Pogg
قورباغه

de Katteker
سنجاب

de Swienegel
جوجه تیغی

de Haas
خرگوش صحرایی

de Uul
جغد

de Vagel
پرنده

de Swaan
قو

dat Wildswien
گراز

de Hirsch
گوزن نر

de Elk
گوزن شمالی

de Staudamm
سد آب

dat Windrad
توربین بادی

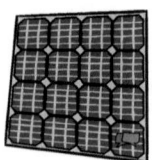

dat Solarmodul
صفحه ی خورشیدی

dat Klima
آب و هوا

dat Spieslokal

رستوران

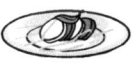

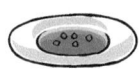

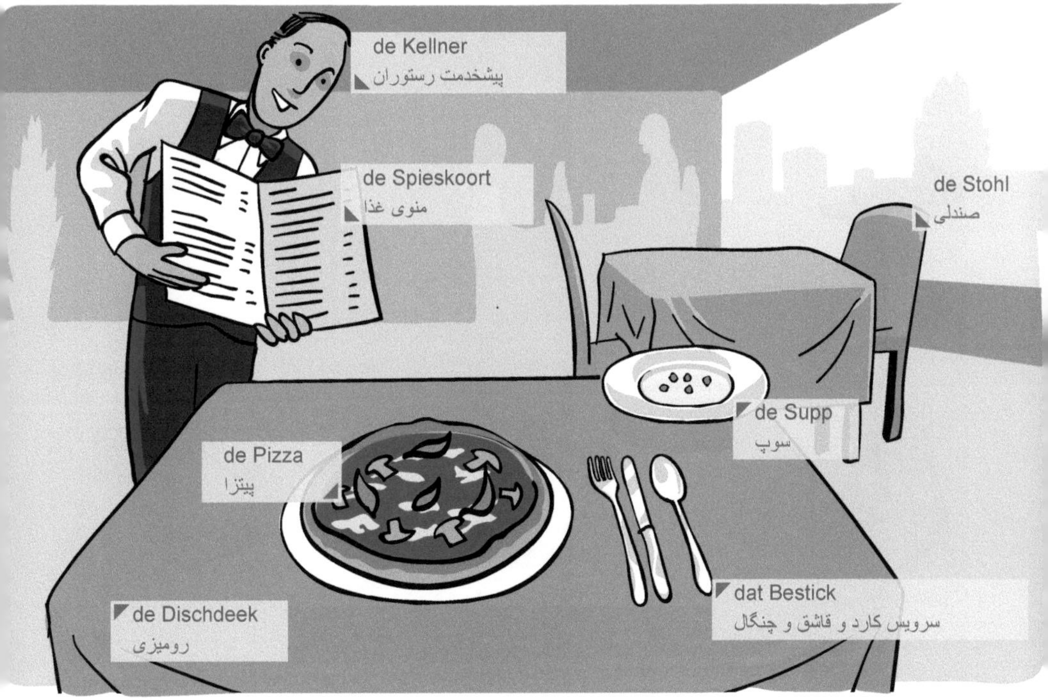
de Kellner
پیشخدمت رستوران
de Spieskoort
منوی غذا
de Stohl
صندلی
de Supp
سوپ
de Pizza
پیتزا
de Dischdeek
رومیزی
dat Bestick
سرویس کارد و قاشق و چنگال

de Vörspies
پیش‌غذا

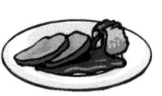

dat Haupteten
غذای اصلی

de Nadisch
دسر

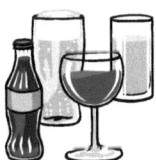

de Drünk
نوشیدنی ها

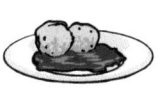

dat Eten
غذا

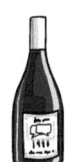

de Buddel
بطری

dat Fastfood

فست فود

dat Strateneten

اغذیه خیابانی

de Teekann

قوری

de Zuckerdoos

قندان

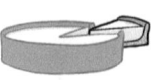

de Portschoon

پُرس غذا

de Espressomaschien

دستگاه اسپرسو

de Hoochstohl

صندلی پایه بلند غذاخوری بچه

de Reken

صورتحساب

dat Tablett

سینی

dat Mess

چاقو

de Gavel

چنگال

de Lepel

قاشق

de Teelepel

قاشق چایخوری

dat Munddook

دستمال سفره

dat Glas

لیوان

de Töller

بشقاب

de Suppentöller

بشقاب سوپخوری

de Ünnertass

نعلبكی

de Sooß

سس

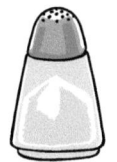

de Soltstreuer

نمکدان

de Pepermöhl

فلفل ساب

de Etig

سرکه

dat Ööl

روغن خوراکی

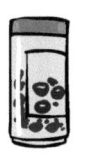

de Krüder

ادویه جات

de Ketchup

سس کچاپ

de Mostrich

سس خردل

de Mayonnaise

سس مايونز

de Supermarkt

سوپرمارکت

dat Anbott
پیشنهاد ویژه
FOR
de Kunn
مشتری
de Melkprodukten
لبنیات
dat Aaft
میوه جات
de Inkoopswagen
چرخ دستی خرید

BUTCHERS

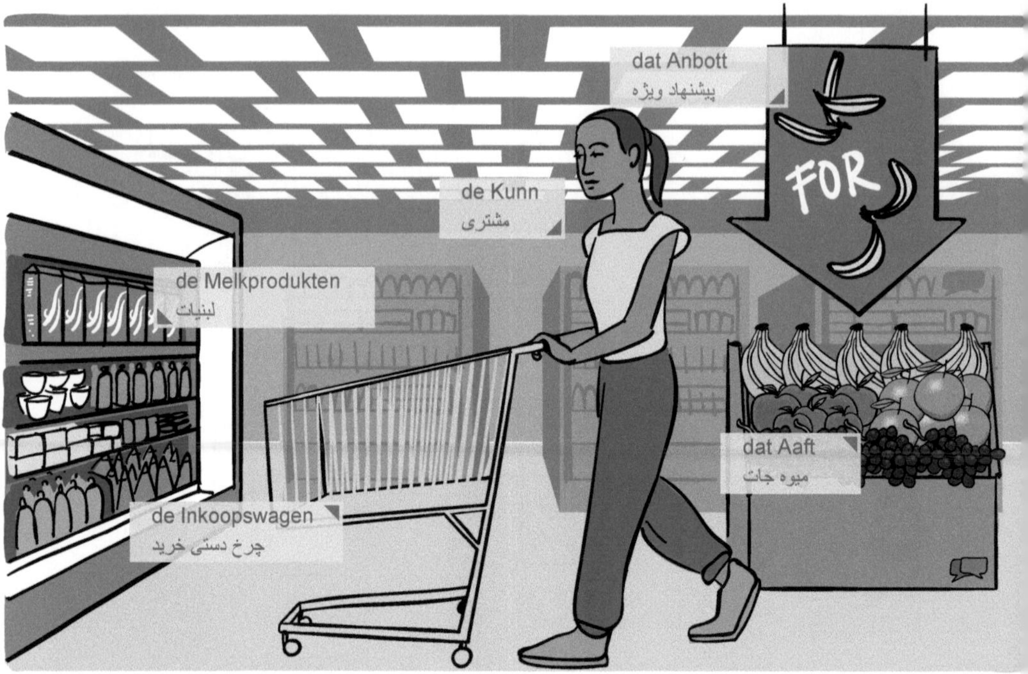

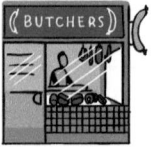

de Slachterie

قصابی

BAKERY

de Bäckerie

نانوایی

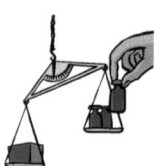

wegen

وزن کردن

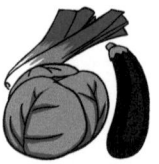

de Gröönsaken

سبزیجات

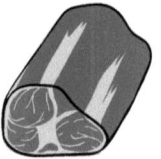

dat Fleesch

گوشت

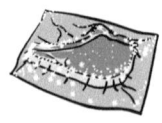

de Deepköhlkost

غذای منجمد

de Opsnitt

مخلوطی از انواع کالباس یا پنیر که
ورقه ای بریده شده باشند

de Konserven

غذای کنسروی

de Waschmiddel

پودر لباسشویی

de Snoopkraam

شیرینی جات

de Huushooltssaken

لوازم خانگی

de Reinmaaktüüch

ماده شوینده و پاک کننده

de Verköpersche

فروشنده

de Kass

صندوق پرداخت

de Kasserer

صندوقدار

de Inkoopslist

لیست خرید

de Opsparrtieden

ساعات کار

de Breeftasch

کیف پول

de Kreditkoort

کارت اعتباری

de Tasch

کیف

de Plastiktüül

کیسه ی پلاستیکی

dat Water

آب

de Saft

آبمیوه

de Melk

شیر

de Cola

نوشابه کوکاکولا

de Wien

شراب

dat Beer

آبجو

de Spriet

الکل

de Kakao

کاکائو

de Tee

چای

de Koffie

قهوه

de Espresso

قهوه اسپرسو

de Cappucino

کاپوچینو

de Banaan

موز

de Appel

سیب

de Appelsien

پرتقال

de Meloon

انواع هندوانه و خربزه

de Zitroon

لیمو

de Wöttel

هویج

de Knuuvlook

سیر

de Bambus

نی بامبو

de Zibbel

پیاز

de Poggenstohl

قارچ

de Nööt

آجیل

de Nudeln

ماکارونی

de Spaghetti

اسپاگتی

de Ries

برنج

de Salat

سالاد

de Pommes frites

سیب زمینی سرخ کرده

de Braadkantüffeln

سیب زمینی سرخ شده

de Pizza

پیتزا

de Hamborger

همبرگر

dat Sandwich

ساندویچ

dat Snitzel

شنیتسل

de Schinken

ژامبون خوک

de Salami

سالامی

de Wust

سوسیس

dat Hohn

مرغ

de Braden

نوعی گوشت سرخ شده

de Fisch

ماهی

de Haverflocken

جوی پرک شده

dat Müsli

نوعی صبحانه مخلوطی از برگه ذرت و
میوه های خشک شده و خشکبار که
معمولا با شیر خورده می شود

de Cornflakes

کورنفلکس

dat Mehl

آرد

de Croissant

کرواسان

dat Rundstück

نان بروتشن

dat Broot

نان

dat Toast

نان تست

de Keksen

بیسکویت

de Botter

کره

de Quark

کشک

de Koken

کیک

dat Ei

تخم مرغ

dat Spegelei

تخم مرغ نیمرو

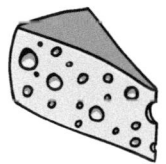

de Kees

پنیر

de Ijs

بستنی

de Zucker

شکر

de Honnig

عسل

de Marmelaad

مربا

de Nougat-Creme

کرم شکلاتی بادامی

dat Curry

ادویه کاری

de Buernhoff

مزرعه

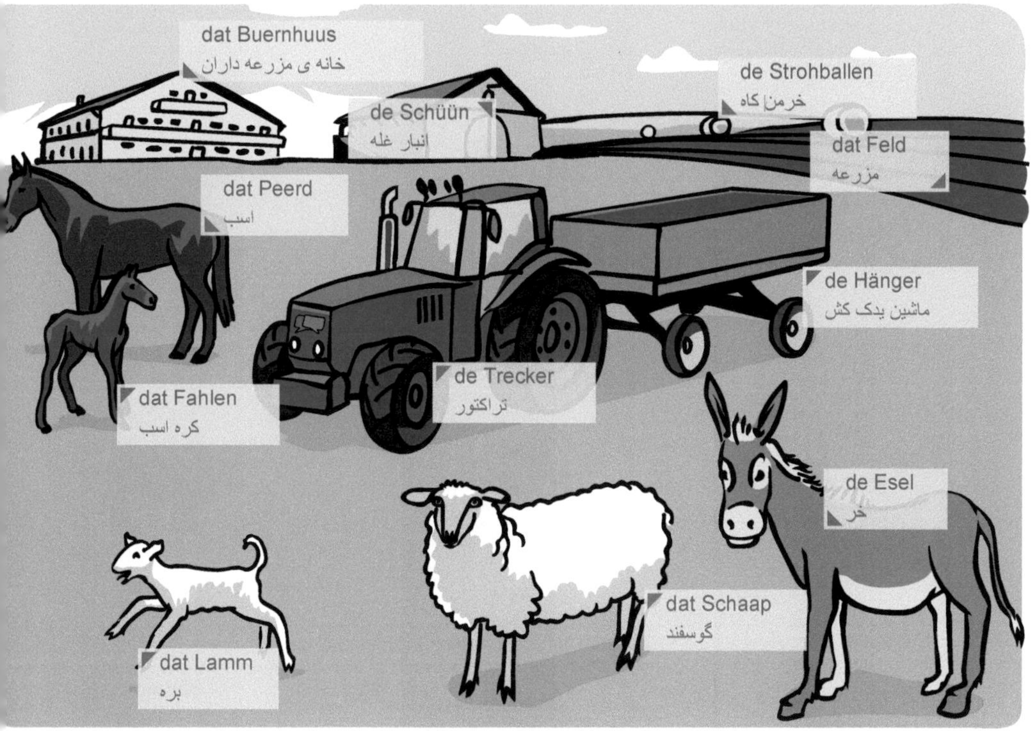
dat Buernhuus
خانه ی مزرعه داران
de Schüün
انبار غله
de Strohballen
خرمن کاه
dat Feld
مزرعه
dat Peerd
اسب
de Hänger
ماشین یدک کش
de Trecker
تراکتور
dat Fahlen
کره اسب
de Esel
خر
dat Schaap
گوسفند
dat Lamm
بره

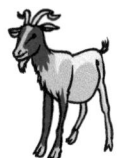

de Zeeg

بز

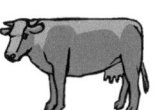

de Koh

گاو ماده

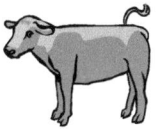

dat Kalf

گوساله

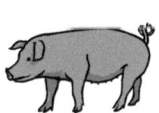

dat Swien

خوک

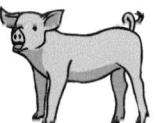

dat Farken

بچه خوک

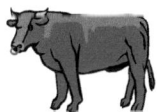

de Bull

گاو نر

de Goos

غاز

de Aant

اردک

dat Küken

جوجه

dat Hohn

مرغ

de Hahn

خروس

de Rott

موش صحرایی

de Katt

گربه

de Muus

موش

de Oss

گاو نر اخته

de Hund

سگ

de Hunnenhütt

لانه ی سگ

de Goornslauch

شلنگ باغبانی

de Geetkann

آبپاش

de Lee

داس دسته بلند

de Ploog

گاوآهن

de Sich

داس

de Hack

کج بیل

de Mestfork

چنگک باغبانی

de Ext

تبر

de Schuufkoor

فرقون

de Trog

آبشخور

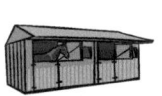

de Melkkann

بطری نگهداری شیر

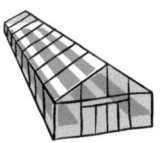

de Sack

کیسه

de Tuun

حصار

de Stall

اصطبل

dat Drievhuus

گلخانه

de Bodden

خاک

de Saat

بذر

de Dünger

کود

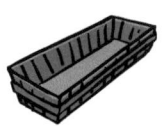

de Meihdöscher

ماشین کمباین

oornen

برداشت کردن محصول

de Oorn

محصول

de Yamswöttel

تمیس

de Weten

گندم

dat Soja

سویا

de Kantüffel

سیب زمینی

de Törksche Weten

ذرت

de Rapp

کلزا

de Aaftboom

درخت میوه

de Troopsch Kantüffel

گیاه مانیوک

dat Koorn

غلات

dat Huus
خانه

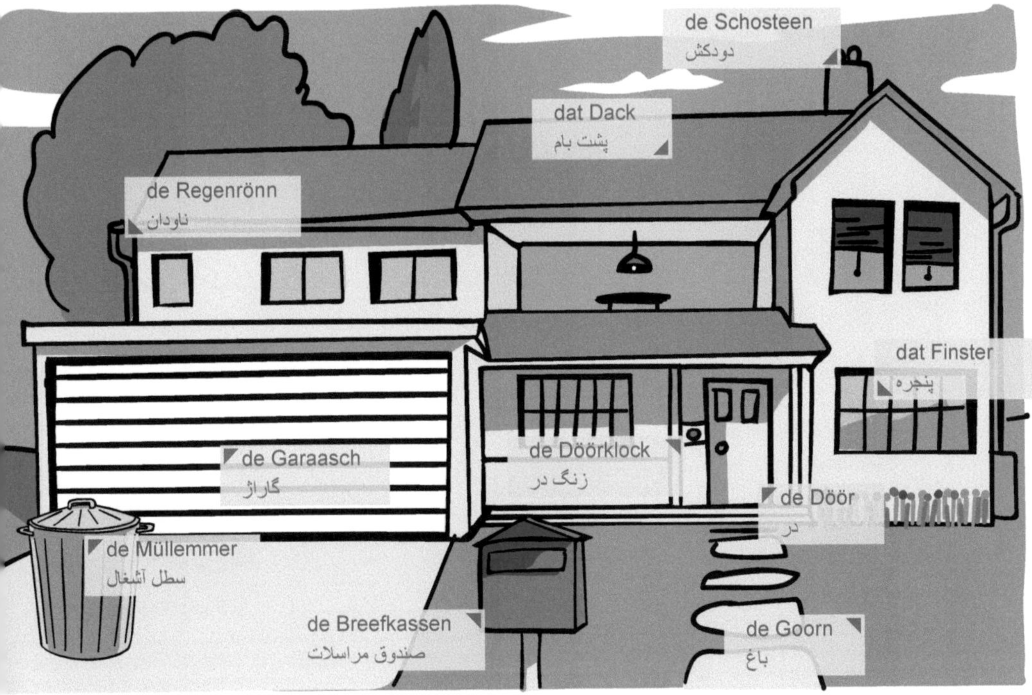
de Schosteen
دودکش
dat Dack
پشت بام
de Regenrönn
ناودان
dat Finster
پنجره
de Garaasch
گاراژ
de Döörklock
زنگ در
de Döör
در
de Müllemmer
سطل آشغال
de Breefkassen
صندوق مراسلات
de Goorn
باغ

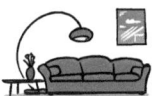

de Wahnstuuv

اتاق نشیمن

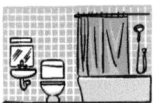

de Baadstuuv

حمام

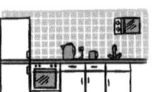

de Köök

آشپزخانه

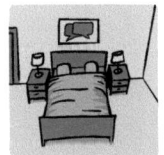

de Slaapstuuv

اتاق خواب

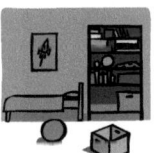

de Kinnerstuuv

اتاق بچه

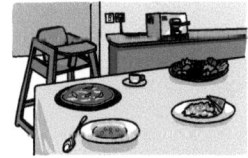

de Eetstuuv

ناهارخوری

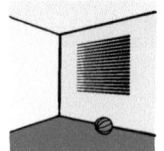

de Footbodden
کف زمین

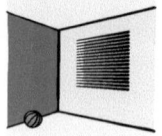

de Wand
دیوار

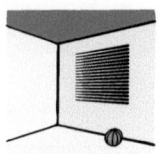

de Deek
سقف

de Keller
زیرزمین

dat Hittluftbad
سونا

de Balkon
بالکن

de Terrass
تراس

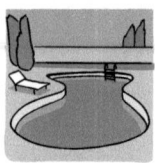

dat Swümmbad
استخر

de Rasenmeiher
ماشین چمن‌زنی

de Bettbetog
ملافه

de Bettdeek
روتختی

de Puuch
تخت خواب

de Bessen
جارو

de Emmer
سطل

de Schalter
سویچ یا کلید

de Wahnstuuv

اتاق نشیمن

de Tapeet
کاغذ دیواری
dat Bild
عکس
de Lamp
لامپ
dat Regal
قفسه
dat Schapp
کابینت
de Kiekkassen
تلویزیون
de Kamin
شومینه
de Bloom
گل
dat Küssen
گوسن
dat Sofa
کاناپه
de Vaas
گلدان
de Feernbedenen
کنترل تلویزیون و ویدئو و غیره

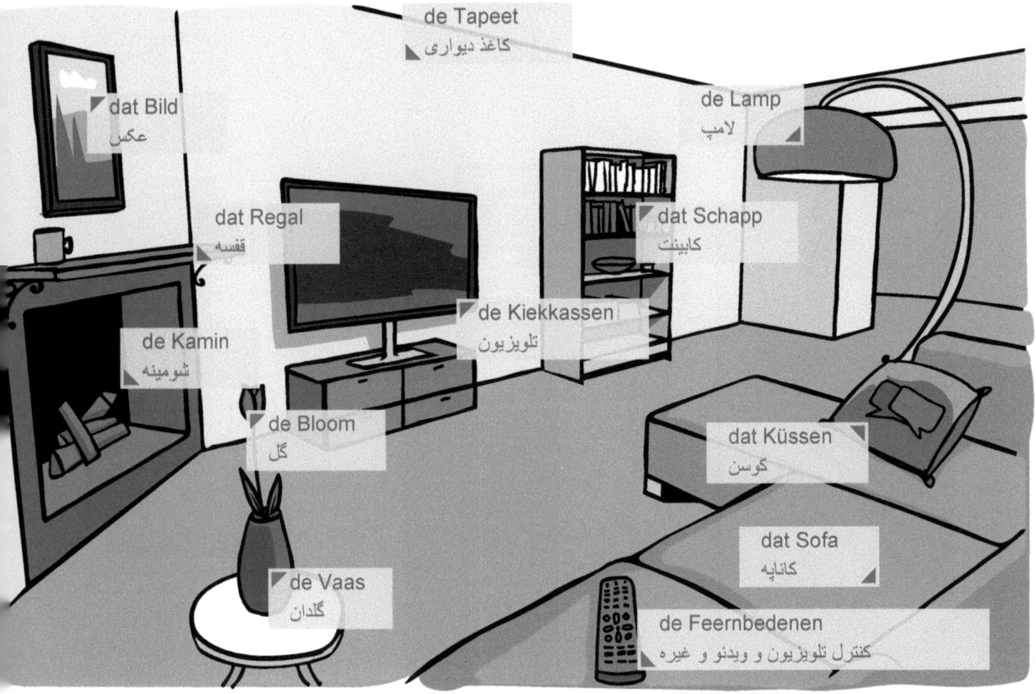

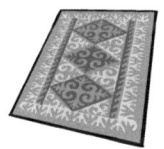

de Teppich

فرش

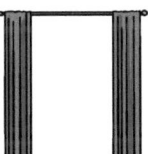

de Vörhang

پرده

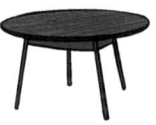

de Disch

میز

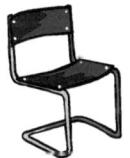

de Stohl

صندلی

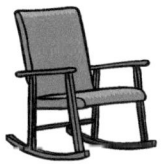

de Schuckelstohl

صندلی گهواره ایی

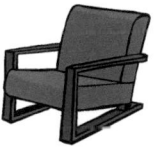

de Sessel

صندلی راحتی

dat Book

كتاب

de Deek

لحاف

de Dekoratschoon

دكوراسيون

dat Füerholt

هيزم

de Film

فيلم

de Stereoanlaag

دستگاه ضبط صوت

de Slötel

كليد

dat Narichtenblatt

روزنامه

dat Gemälde

تابلو نقاشی

dat Poster

پوستر

dat Radio

راديو

de Opschrievblock

دفترچه يادداشت

de Huulbessen

جاروبرقی

de Kaktus

كاكتوس

de Kars

شمع

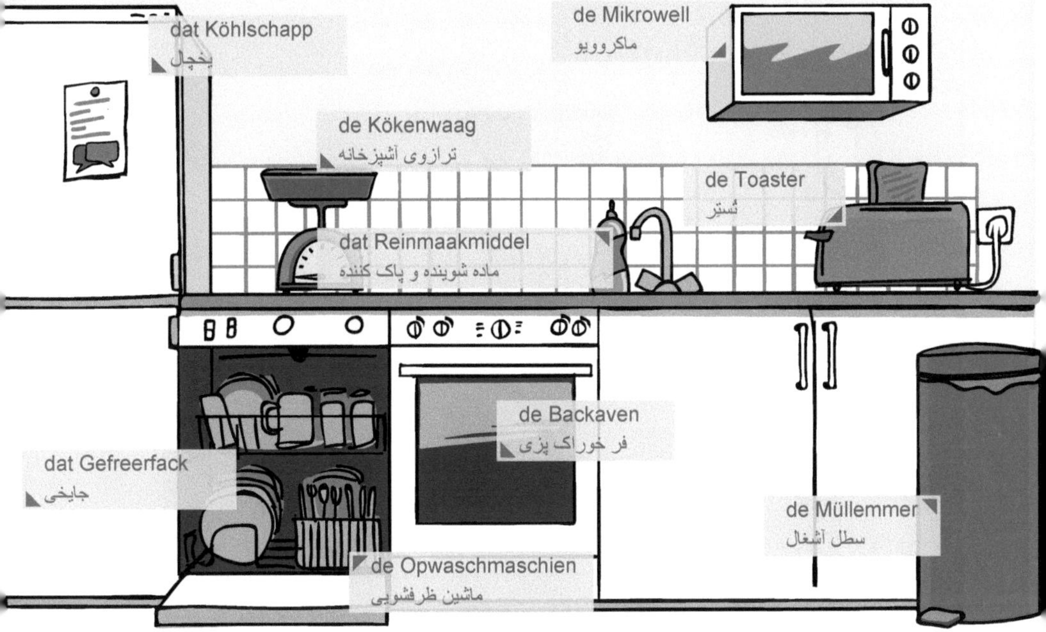

de Mikrowell
ماکروویو

dat Köhlschapp
یخچال

de Kökenwaag
ترازوی آشپزخانه

de Toaster
تُستر

dat Reinmaakmiddel
ماده شوینده و پاک کننده

de Backaven
فر خوراک پزی

dat Gefreerfack
جایخی

de Müllemmer
سطل آشغال

de Opwaschmaschien
ماشین ظرفشویی

de Heerd

اجاق گاز

de Pott

قابلمه

de Gussiesern Putt

قابلمه چدنی،

de Wok / Kadai

ماهی تابه گود

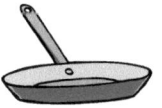

de Pann

ماهی تابه

de Waterkaker

کتری

de Dampkaakputt

بخارپز

dat Backblick

سینی فر

dat Geschirr

ظرف چینی آشپزخانه

de Beker

لیوان

de Schaal

کاسه

de Eetsticken

چاپستیک

de Suppenkell

ملاقه

de Pannenwenner

کفگیر

de Sneebessen

همزن

dat Kaakseef

آبکش

dat Seef

آبکش

de Riev

رنده

de Mörser

هاون

de Grill

باربیکیو

de Füerstell

محل مخصوص افروختن آتش

dat Sniedbrett

تخته گوشت و سبزی

dat Nudelholt

وردنه

de Proppentrecker

در بطری بازکن

de Doos

قوطی

de Dosenaapner

در قوطی بازکن

de Pottlappen

دستگیره پارچه ای

dat Waschbecken

سینک ظرفشویی

de Böst

برس گردگیری

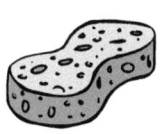

de Swamm

اسفنج

de Mixer

مخلوط کن

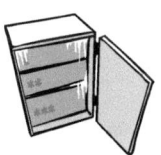

dat Iesschapp

فریزر

de Nuckelbuddel

شیشه شیر بچه

de Waterhahn

شیر آب

de Baadstuuv

حمام

de Bruus
دوش
de Heizung
بخاری
dat Handdook
حوله
de Bruusvörhang
پرده ی حمام
dat Schuumbad
حمام کف
de Baadwann
وان حمام
dat Glas
لیوان
de Waschmaschien
ماشین لباسشویی
de Waterhahn
شیر آب
de Fliesen
کاشی
de lütte Putt
لگن دستشویی کودکان
dat Waschbecken
سینک ظرفشویی

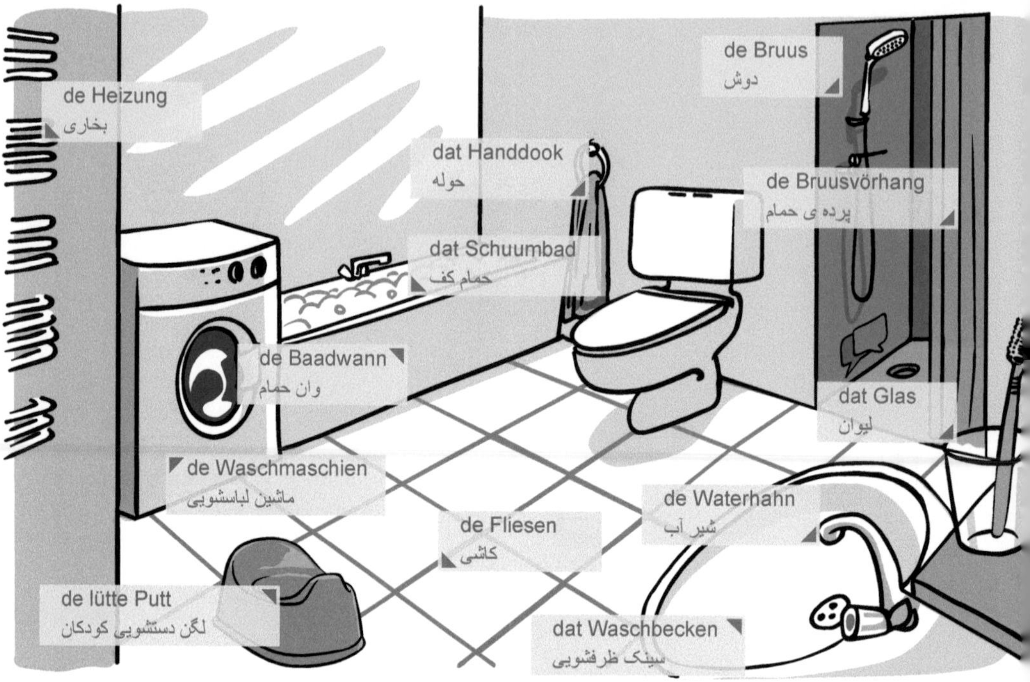

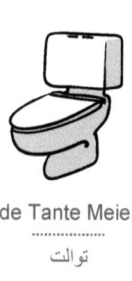

de Tante Meier

توالت

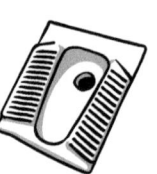

de Hockklo

توالت ایرانی

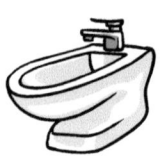

dat Bidet

کاسه توالت

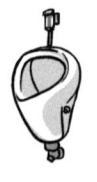

dat Miegbecken

توالت مخصوص آقایان

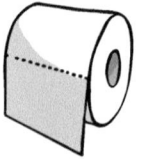

dat Klopapeer

دستمال توالت

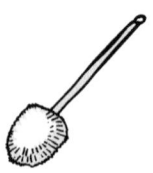

de Kloböst

فرچه توالت

de Tähnböst

مسواک

de Tähnpast

خمیردندان

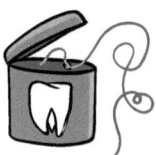

de Tähnsied

نخ دندان

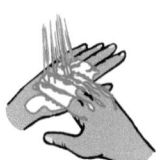

waschen

شستن

de Handbruus

دوش آب تلفنی

de Intimbruus

شلنگ توالت

de Waschschöttel

لگن روشویی

de Rüchböst

برس شست و شوی پشت

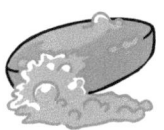

de Seep

صابون

dat Bruusgeel

شامپو بدن

dat Hoorwaschmiddel

شامپو

de Waschlappen

لیف حمام

de Afloop

راه آب

de Creme

کرم

dat Deodorant

اسپری دئودورانت

de Spegel

آیینه

de Kosmetikspegel

آیینه ی کوچک دستی

de Raserer

تیغ ریش تراشی

de Raseerschuum

کف ریش‌تراشی

dat Raseerwater

أفترشیو

de Kamm

شانه ی سر

de Böst

برس

de Hoordröger

سشوار

dat Hoorspray

اسپری مو

de Smink

آرایش

de Lippensticken

رژلب

de Nagellack

لاک ناخن

de Watt

پنبه

de Nagelscheer

قیچی ناخن

dat Rüükwater

عطر

de Kulturbüdel

کیف لوازم آرایشی و بهداشتی

de Schemel

چهارپایه

de Waag

ترازو

de Baadmantel

حوله ی بالتویی

de Gummihanschen

دستکش ظرفشویی

de Tampon

تامپون

de Damenbinn

نوار بهداشتی

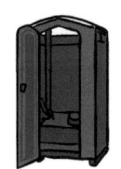

dat Chemieklo

توالت سیار

de Kinnerstuuv

اتاق بچه

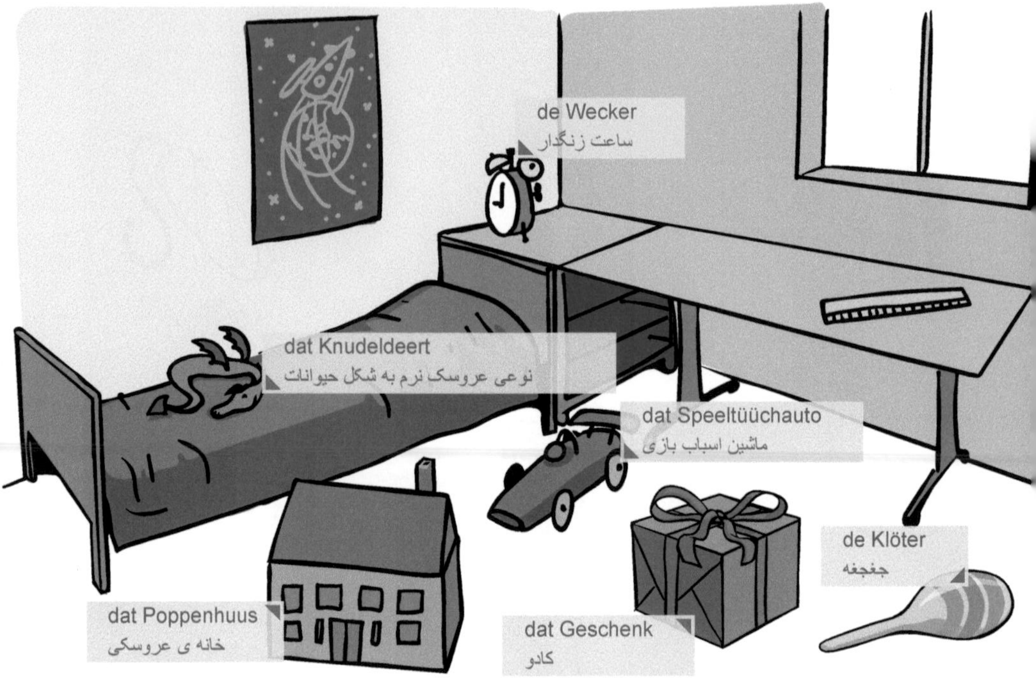
de Wecker
ساعت زنگدار
dat Knudeldeert
نوعی عروسک نرم به شکل حیوانات
dat Speeltüüchauto
ماشین اسباب بازی
de Klöter
جغجغه
dat Poppenhuus
خانه ی عروسکی
dat Geschenk
کادو

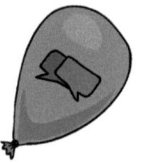

de Luftballon

بادکنک

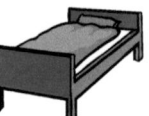

de Puuch

تخت خواب

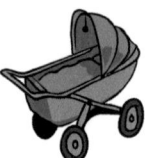

de Kinnerwagen

کالسکه بچه

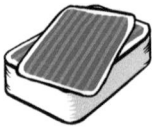

dat Koortenspeel

بازی ورق

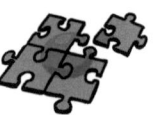

dat Puzzle

پازل

SUPER
MEGA

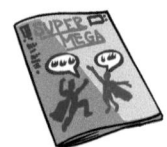

de Billergeschicht

داستان مصور

de Legostenen

اسباب بازی لگو

de Bustenen

خانه سازی

de Action-Figur

عروسک شخصیت های فیلم و کارتون

de Strampelantog

لباس نوزاد

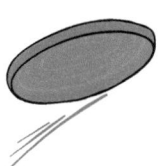

de Frisbeeschiev

فریزبی

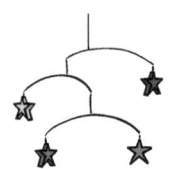

dat Mobile

نوعی اسباب بازی که روی تخت نوزاد
یا کودک نصب می شود

dat Brettspeel

بازی روی صفحه

de Wörpel

تاس

de Modelliesenbahn

قطار اسباب بازی

de Snuller

پستانک

de Party

مهمانی

dat Billerbook

کتاب مصور

de Ball

توپ

do Popp

عروسک

spelen

بازی کردن

de Sandkassen

جعبه شنی مخصوص بازی کودکان

de Schuckel

تاب

dat Speeltüüch

اسباب بازی

de Speelkonsool

کنسول بازی های کامپیوتری

dat Dreerad

سه چرخه

de Teddyboor

خرس عروسکی

dat Klederschapp

کمد لباس

dat Tüüch

لباس

de Socken

جوراب

de Strümp

جوراب زنانه ساق بلند

de Strumpbüx

جوراب شلواری

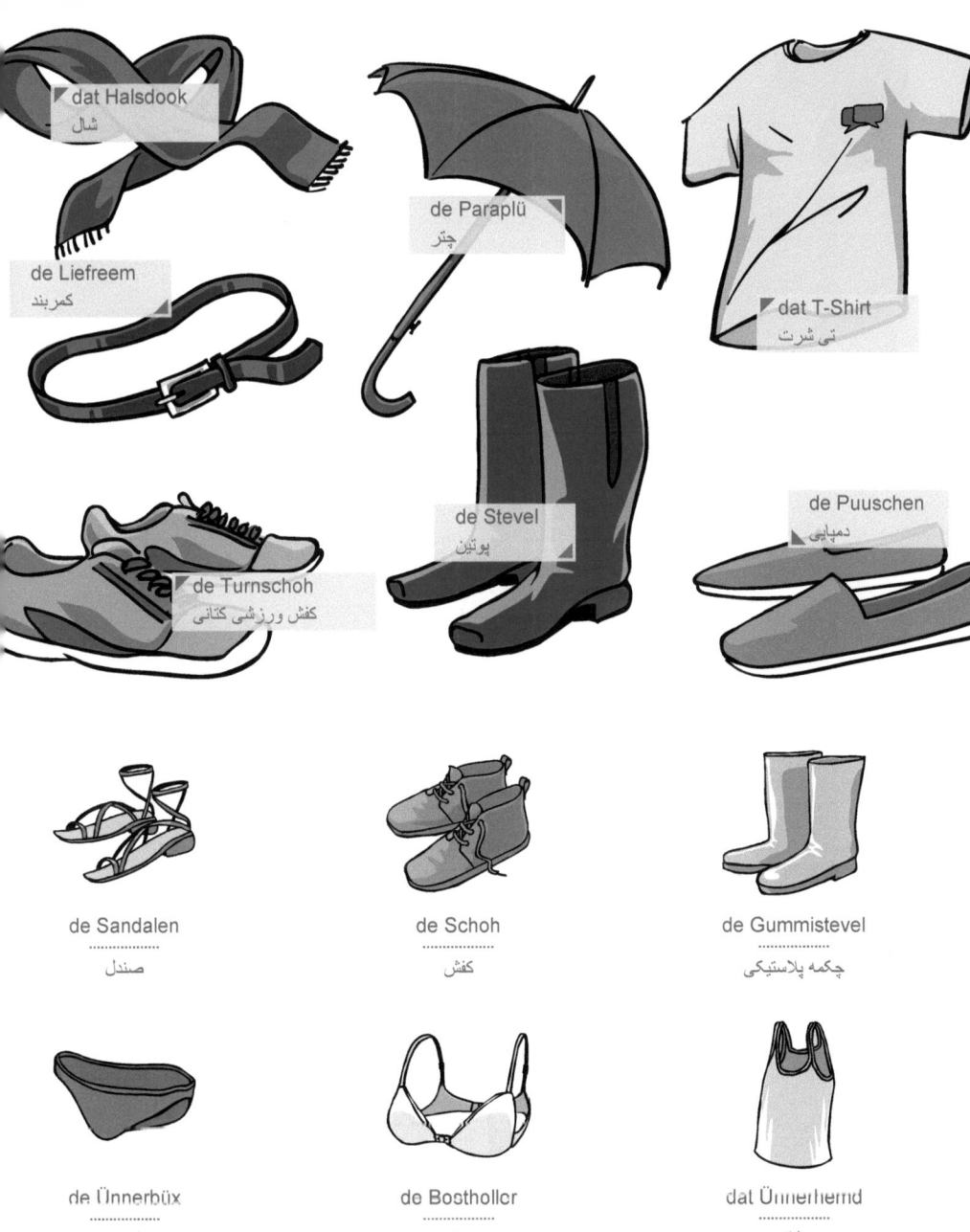

dat Halsdook
شال

de Parablü
چتر

dat T-Shirt
تی شرت

de Liefreem
کمربند

de Turnschoh
کفش ورزشی کتانی

de Stevel
پوتين

de Puuschen
دمپایی

de Sandalen
صندل

de Schoh
کفش

de Gummistevel
چکمه پلاستیکی

de Ünnerbüx
شرت

de Bostholler
سوتین

dat Ünnerhemd
جلیقه

de Lief

بادی

de Büx

شلوار

de Jeansnüx

جین

de Rock

دامن

de Bluus

بلوز

dat Hemd

پيراهن

de Pullover

پوليور

de Kapuzenpullover

سويی شرت‌م

de Blazer

نوعی کت

de Jack

ژاكت

de Mantel

كت بلند

de Övertrecker

بارانی

dat Kostüm

لباس نمايش

dat Kleed

لباس

dat Hochtietskleed

لباس عروس

de Antog
كت و شلوار

dat Nachtkleed
لباس خواب زنانه

de Slaapantog
پیژامه

de Sari
ساری

dat Koppdook
روسری

de Turban
عمامه

de Burka
برقع

de Kaftan
قبا

de Abaya
عبا

de Baadantog
لباس شنا

de Baadbüx
شرت شنا

de Korte Büx
شلوارک

de Antog to'n Öven
لباس ورزشی

de Schört
پیشبند

de Handschoh
دستکش

de Knopp

دکمه

de Brill

عینک

dat Armband

دستبند

de Halskeed

گردنبند

de Ring

انگشتر

de Ohrbummel

گوشواره

de Mütz

کلاه لبه دار

de Klederbögel

چوب لباسی

de Hoot

کلاه

de Binner

کراوات

de Rietslüter

زیپ

de Helm

کلاه ایمنی

dat Drachtband

بند شلوار

de Schooluniform

لباس مدرسه

de Uniform

لباس فرم

de Severböten

پیش بند بچه

de Snuller

پستانک

de Winnel

پوشک بچه

dat Büro

اداره

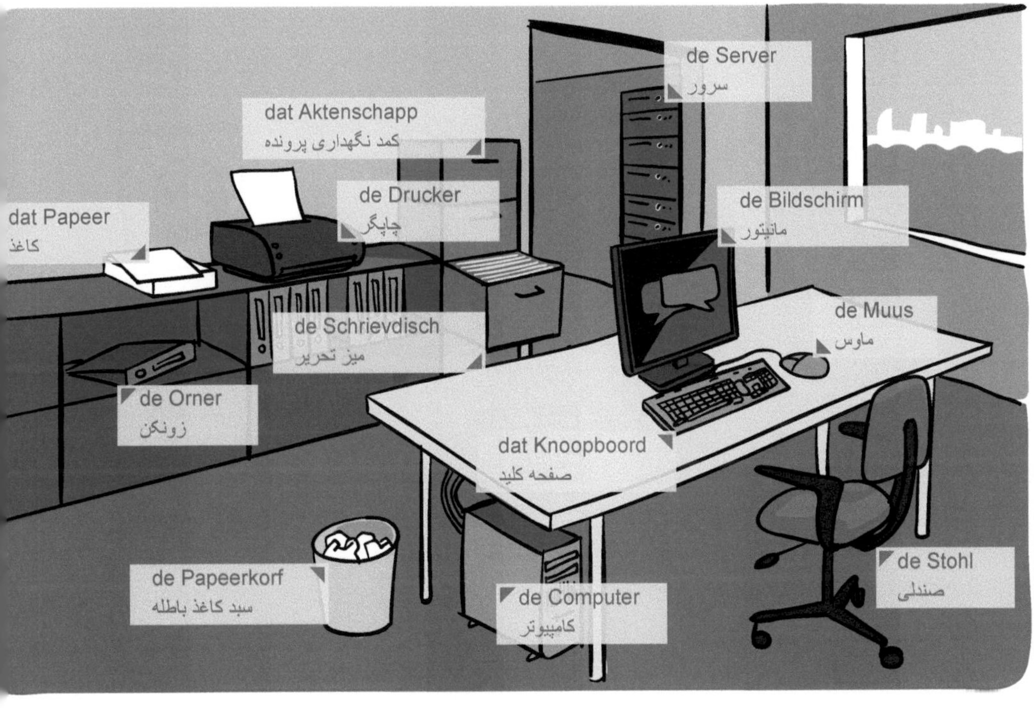

de Server

سرور

dat Aktenschapp

کمد نگهداری پرونده

de Drucker

چاپگر

dat Papeer

کاغذ

de Bildschirm

مانیتور

de Schrievdisch

میز تحریر

de Muus

ماوس

de Orner

زونکن

dat Knoopboord

صفحه کلید

de Papeerkorf

سبد کاغذ باطله

de Computer

کامپیوتر

de Stohl

صندلی

de Koffiebeker

لیوان قهوه

de Taschenreekner

ماشین حساب

dat Internet

اینترنت

de Klappreekner

لپ تاپ

de Breef

نامه

de Naricht

پیغام

de Ackersnacker

تلفن همراه

dat Nettwark

شبکه ی ارتباطی

de Kopeerapparat

دستگاه فتوکپی

de Software

نرم افزار

de Klöönkassen

تلفن

de Steekdoos

پریز

de Faxapparat

دستگاه فاکس

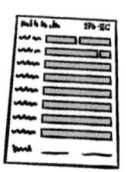

dat Formulor

فرم

dat Dokument

مدرک

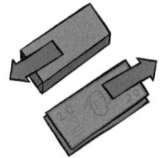

köpen

خریدن

betahlen

پرداخت کردن

hanneln

تجارت کردن

dat Geld

پول

de Dollar

دلار

de Euro

یورو

de Yen

ین

de Ruvel

روبل

de Swiezer Franken

فرانک سوئیس

de Renminbi Yuan

یوان رنمینبی

de Rupie

روپیه

de Geldautomat

دستگاه خودپرداز

de Wesselstuuv

صرافی

dat Gold

طلا

dat Sülver

نقره

dat Ööl

نفت

de Energie

انرژی

de Pries

قیمت

de Verdrag

قرارداد

de Stüer

مالیات

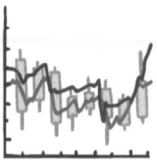

de Andeelschien

سهام سرمایه

arbeiden

کار کردن

de Anstellte

کارمند

de Arbeitgever

کارفرما

de Fabrik

کارخانه

de Hökerie

مغازه

de Profeschonen

مشاغل

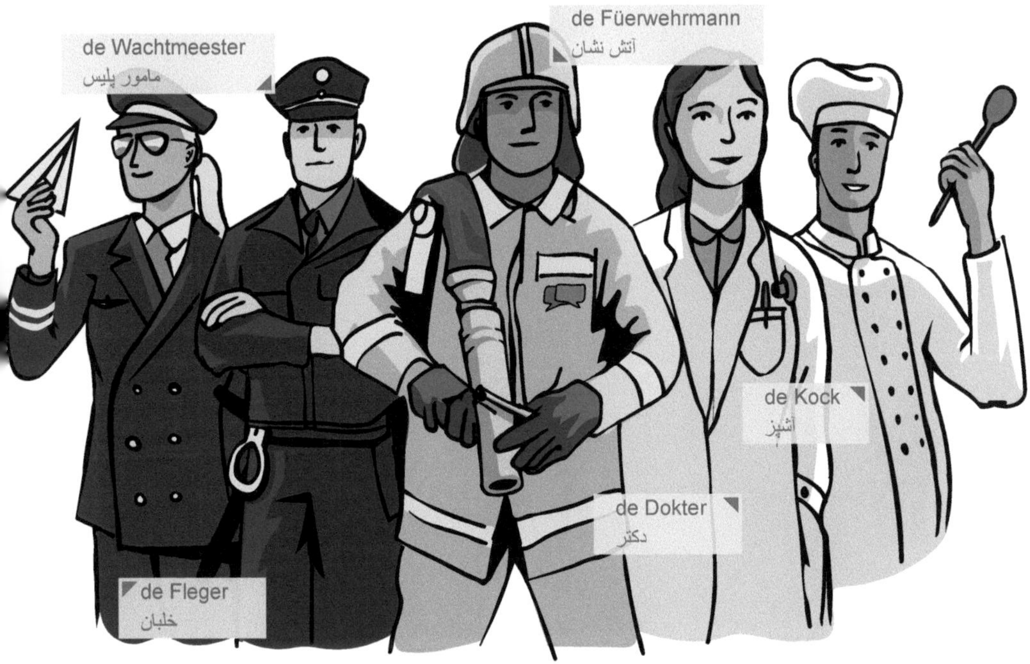

de Wachtmeester
مامور پلیس
de Füerwehrmann
آتش نشان
de Kock
آشپز
de Dokter
دکتر
de Fleger
خلبان

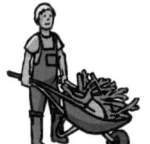

de Goorner
باغبان

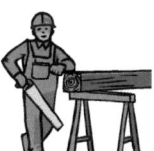

de Discher
نجار

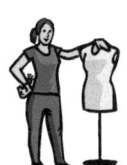

de Neihersche
خیاط زنانه

de Richter
قاضی

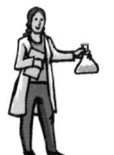

de Chemiker
شیمیدان

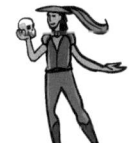

de Schauspeler
بازیگر

de Busfohrer

راننده اتوبوس

de Taxifohrer

راننده تاکسی

de Fischer

ماهیگیر

de Reinmaakfru

نظافتچی زن

de Dackdecker

سقف ساز

de Kellner

پیشخدمت رستوران

de Jäger

شکارچی

de Maler

نقاش

de Bäcker

نانوا

de Elektriker

برقکار

de Buarbeider

کارگر ساختمانی

de Ingenieur

مهندس

de Slachter

قصاب

de Klempner

لوله کش

de Postbüdel

پستچی

de Profeschonen - مشاغل

de Suldat

سرباز

de Architekt

معمار

de Kasserer

صندوقدار

de Florist

گل فروش

de Putzbüdel

آرایشگر

de Schaffner

مامور کنترل بلیط در قطار

de Mechaniker

مکانیک

de Kaptein

ناخدا

de Tähndokter

دندانپزشک

de Wetenschopler

دانشمند

de Rabbi

عالم یهودی

de Imam

امام

de Mönk

راهب

de Paap

کشیش

dat Warktüüch

ابزارآلات

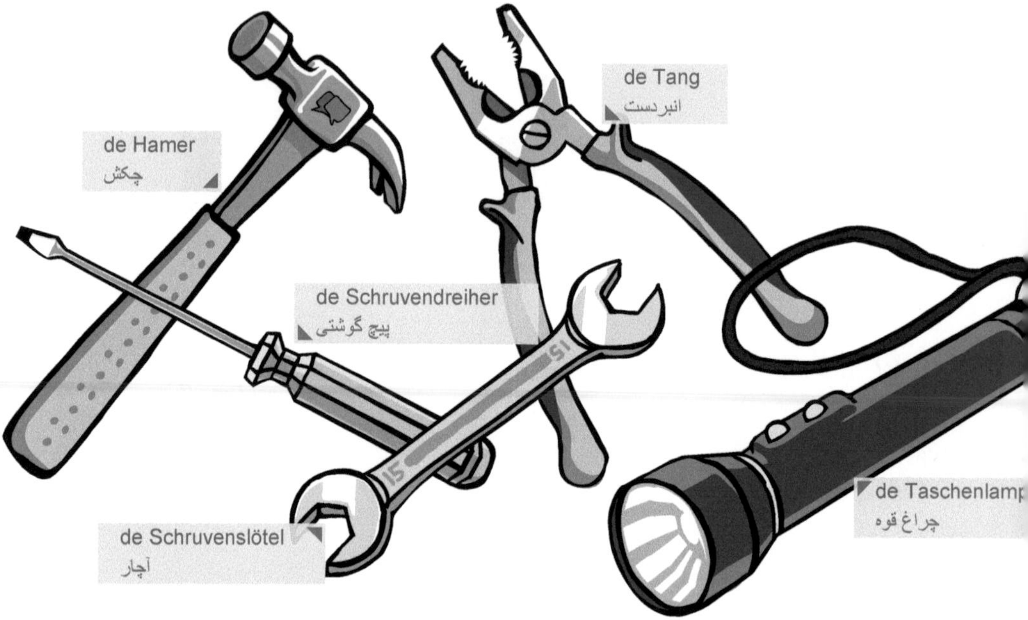

de Hamer
چکش
de Tang
انبردست
de Schruvendreiher
پیچ گوشتی
de Schruvenslötel
آچار
de Taschenlamp
چراغ قوه

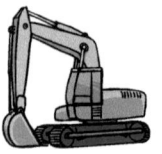

de Grieper

بیل مکانیکی

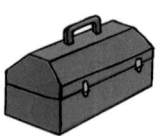

de Warktüüchkassen

جعبه ابزار

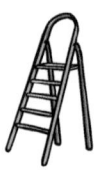

de Ledder

نردبان

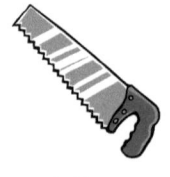

de Saag

ارّه

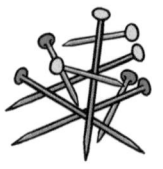

de Nagels

میخ

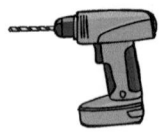

de Bohrer

مته

heelmaken

تعمیر کردن

de Schüffel

بیل

Schiet!

لعنتی!

dat Kehrblick

خاک انداز

de Farvpott

سطل رنگرزی

de Schruven

پیچ

de Musikinstrumenten

آلات موسیقی

de Luutsnacker
بلندگو

dat Slagtüüch
درامز

de Rietfiedel
گیتار

de Bass-Vigelien
کنترباس

de Trumpeet
ترومپت

dat Klaveer

پیانو

de Vigelien

ویولن

de Bass

گیتار بیس

de Pauk

تیمپانی

de Trummeln

طبل

dat Keyboard

کیبورد الکتریک

dat Saxophon

ساکسیفون

de Fleut

فلوت

dat Mikrofoon

میکروفون

de Deertenpark

باغ وحش

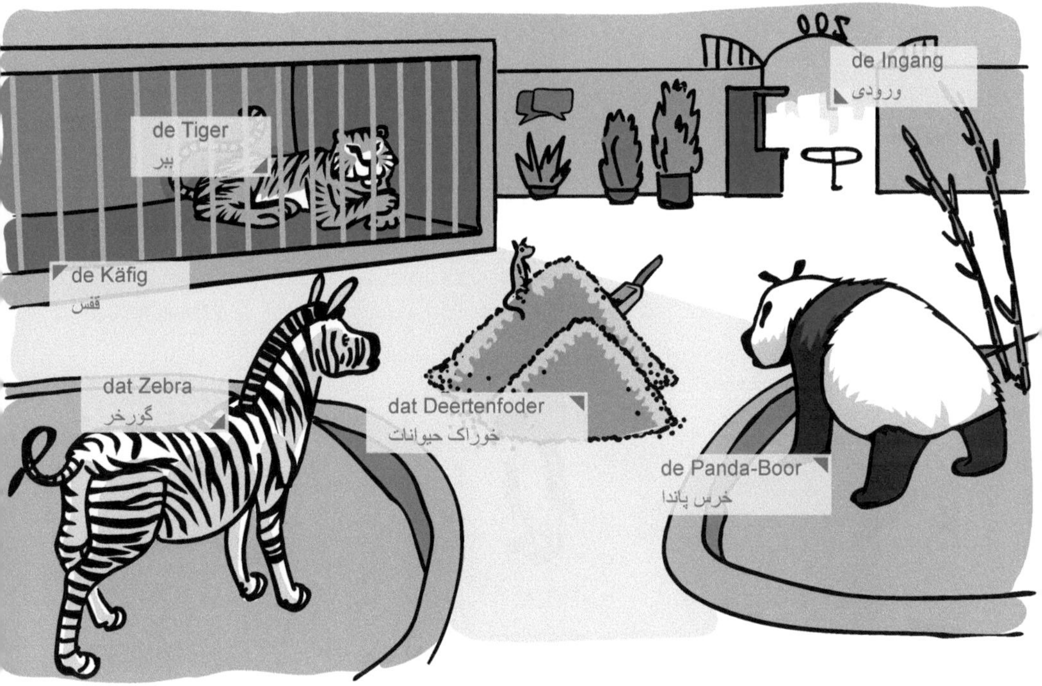

de Ingang
ورودی
de Tiger
ببر
de Käfig
قفس
dat Zebra
گورخر
dat Deertenfoder
خوراک حیوانات
de Panda-Boor
خرس پاندا

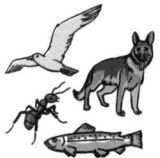

de Deerten
حیوانات

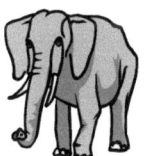

de Elefant
فیل

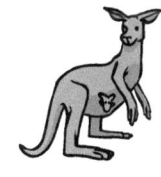

dat Känguru
کانگورو

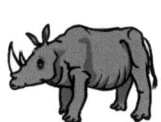

dat Neeshoorn
کرگدن

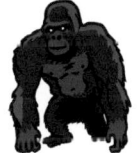

de Gorilla
گوریل

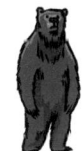

de Boor
خرس

dat Kameel

شتر

de Struuß

شترمرغ

de Lööv

شیر

de Aap

میمون

de Flamingo

فلامینگو

de Papagoi

طوطی

de Iesboor

خرس قطبی

de Pinguin

پنگوئن

de Haifisch

کوسه

de Pageluun

طاووس

de Slang

مار

dat Krokodil

تمساح

de Oppasser in'n
Deertenpark
نگهبان باغ وحش

de Saalhund

خوک آبی

de Jaguor

پلنگ امریکایی

dat Pony

اسب کوچک

de Leopard

پلنگ

dat Nilpeerd

اسب آبی

de Giraff

زرافه

de Aadler

عقاب

dat Wildswien

گراز

de Fisch

ماهی

de Schildkrööt

لاک پشت

dat Walross

شیرماهی

de Voss

روباه

de Gazell

غزال

de Amerikaansch Football
فوتبال آمریکایی

dat Radfohren
دوچرخه سواری

dat Tennis
تنیس

de Korfball
بسکتبال

dat Swümmen
شنا

dat Boxen
بوکس

dat Ieshockey
هاکی روی یخ

de Football
فوتبال

dat Fedderball
بدمینتون

de Leichtathletik
دوومیدانی

de Handball
هندبال

dat Skilopen
اسکی

dat Polo
پولو

de Aktivitäten
فعالیت ها

lachen
خندیدن
springen
پریدن
ümarmen
بغل کردن
gahn
راه رفتن
singen
آواز خواندن
drömen
رؤیا دیدن
beden
دعا کردن
snuteln
بوسیدن

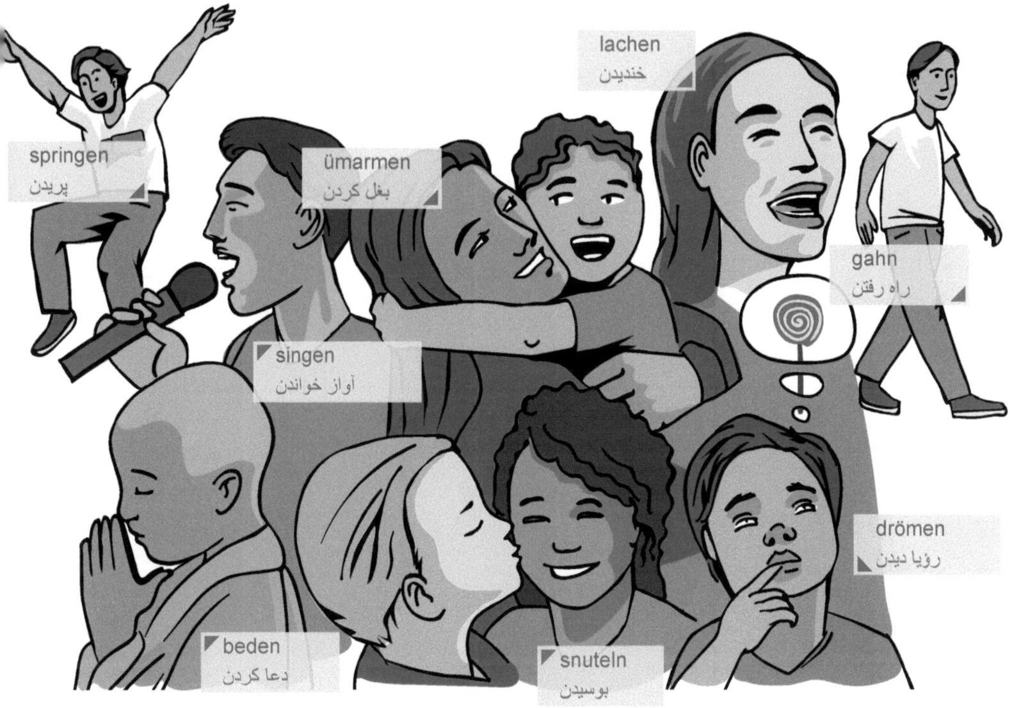

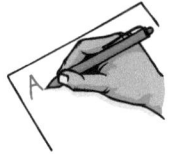

schrieven

نوشتن

teken

رسم کردن

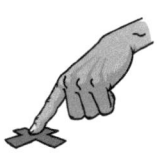

wiesen

نشان دادن

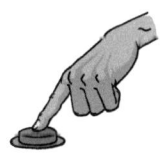

drücken

هل دادن

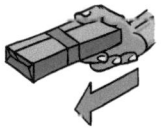

geven

دادن

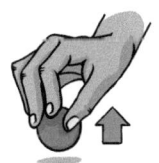

nehmen

برداشتن

hebben

داشتن

doon

انجام دادن

sien

بودن

stahn

ایستادن

lopen

دویدن

trecken

کشیدن

smieten

پرتاب کردن

fallen

افتادن

liggen

دراز کشیدن

töven

منتظر بودن

dregen

حمل کردن

sitten

نشستن

antrecken

لباس پوشیدن

slapen

خوابیدن

opwaken

بیدار شدن

ankieken

تماشا کردن

wenen

گریه کردن

eien

نوازش کردن

kämmen

شانه کردن

snacken

حرف زدن

verstahn

فهمیدن

fragen

پرسیدن

hören

شنیدن

drinken

آشامیدن

eten

خوردن

oprümen

مرتب کردن

leefhebben

عاشق بودن

kaken

پختن

fohren

رانندگی کردن

flegen

پرواز کردن

segeln

قایقرانی کردن

reken

محاسبه کردن

lesen

خواندن

lehren

یاد گرفتن

arbeiden

کار کردن

de Plünnen tohoopsmieten

ازدواج کردن

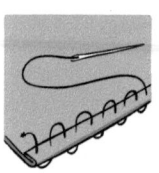

neihen

دوختن

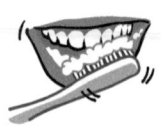

Tähnen putzen

مسواک زدن

dootmaken

کشتن

smöken

سیگار کشیدن

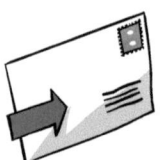

schicken

فرستادن

de Grootmoder
مادربزرگ

de Grootvadder
پدربزرگ

de Vadder
پدر

de Moder
مادر

at Winnelkind
کودک

de Dochter
فرزند دختر

de Söhn
فرزند پسر

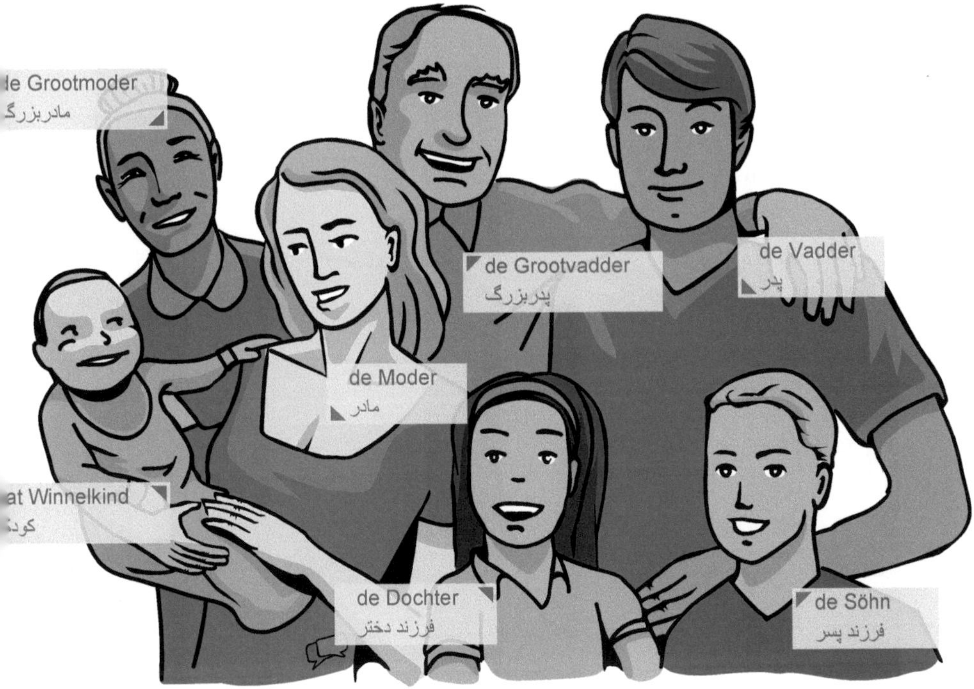

de Gast

مهمان

de Tant

خاله، عمه

de Unkel

دایی، عمو

de Broder

برادر

de Süster

خواهر

de Lief
بدن

de Vörkopp
پیشانی
dat Oog
چشم
de Schuller
شانه
de Finger
انگشت دست
dat Gesicht
صورت
dat Kinn
چانه
de Hand
دست
de Bost
سینه
dat Been
ساق پا
de Arm
بازو

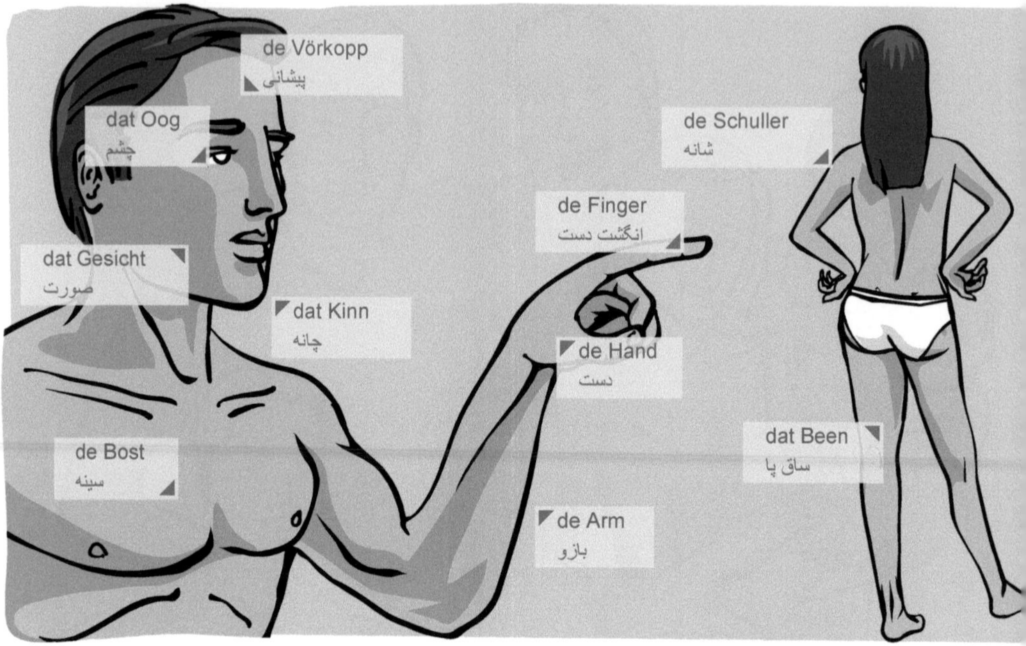

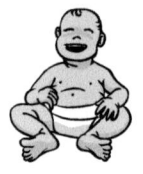

dat Winnelkind

کودک

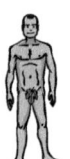

de Mann

مرد

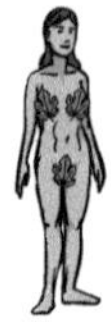

de Fro

زن

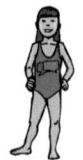

de Deern

دختربچه

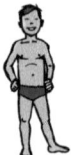

de Jung

پسربچه

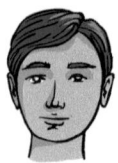

de Arm

کله

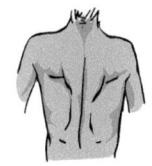

de Rüch

کمر

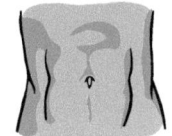

de Buuk

شکم

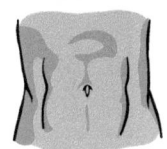

de Navel

ناف

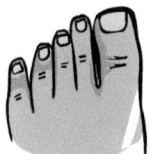

de Teh

انگشت پا

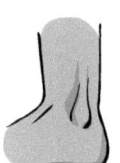

de Hack

پاشنه

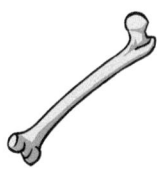

de Knaken

استخوان

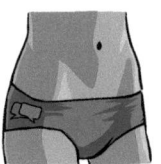

de Hüft

لگن

dat Knee

زانو

de Ellbagen

آرنج

de Nees

بینی

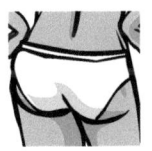

de Achtersen

نشیمنگاه

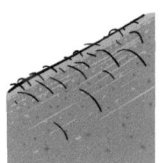

de Huut

پوست

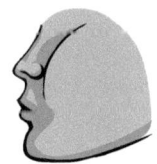

de Back

گونه

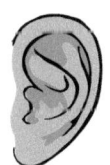

dat Ohr

گوش

de Lipp

لب

de Mund

دهان

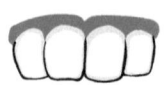

de Tähn

دندان

de Tung

زبان

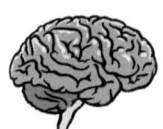

de Bregen

مغز

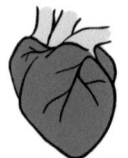

dat Hart

قلب

de Muskel

عضله

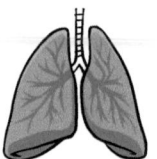

de Lung

ریه

de Lever

کبد

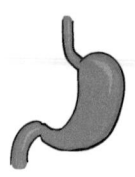

de Maag

معده

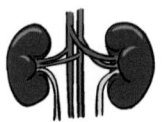

de Neren

کلیه

de Bislaap

آمیزش جنسی

dat Kondoom

کاندوم

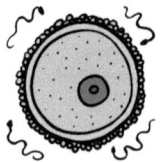

de Eizell

تخمک

dat Sperma

اسپرم

de Anner Ümstänn

حاملگی

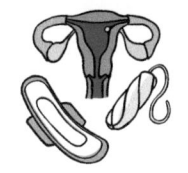

de Menstruatschoon

پریود

de Scheed

واژن

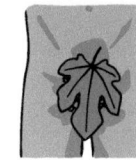

de Pint

آلت تناسلی مرد

de Ogenbroe

ابرو

dat Hoor

مو

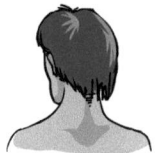

de Hals

گردن

dat Krankenhuus

بیمارستان

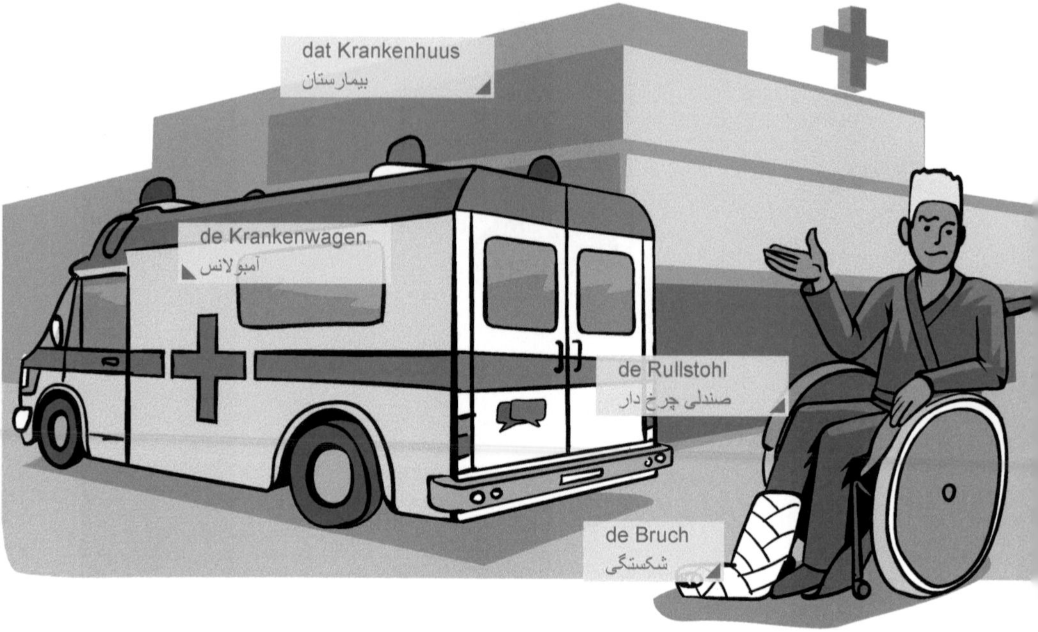

dat Krankenhuus
بیمارستان
de Krankenwagen
آمبولانس
de Rullstohl
صندلی چرخ دار
de Bruch
شکستگی

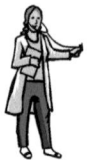

de Dokter

....

دکتر

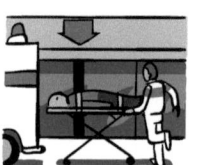

de Nootopnahm

....

بخش اورژانس

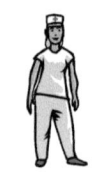

de Krankensüster

....

پرستار

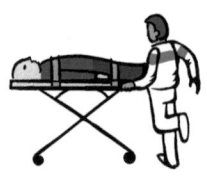

de Nootfall

....

موقعیت اضطراری

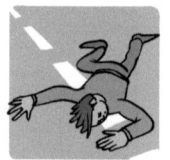

ahnmächtig

....

بی هوش

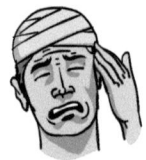

de Wehdaag

....

درد

de Verwunnen

مصدومیت

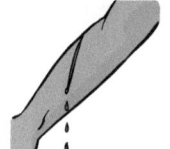

de Blöden

خونریزی

de Hartinfarkt

سکته قلبی

de Slaganfall

سکته مغزی

de Allergie

آلرژی

de Hoosten

سرفه

dat Fever

تب

de Gripp

آنفولانزا

de Dörchfall

اسهال

de Koppwehdaag

سردرد

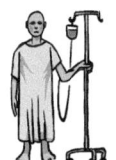

de Kreeft

سرطان

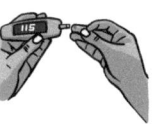

de Zuckersüük

دیابت

de Chirurg

جراح

dat Chirurgsch Mess

چاقوی جراحی

de Operatschoon

عمل جراحی

dat CT

سی تی اسکن

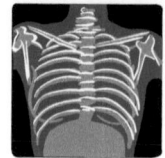

de Dörchlüchten

پرتونگاری

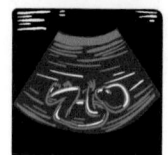

de Ultraschall

سونوگرافی

de Mask

ماسک صورت

de Krankheit

بیماری

de Töövruum

اتاق انتظار

de Krück

چوب زیر بغل

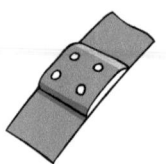

dat Plaaster

چسب زخم

de Verband

پانسمان

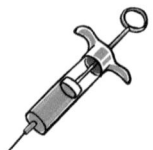

de Insprütten

تزریق

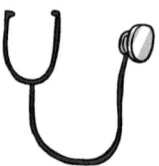

dat Stethoskop

گوشی طبی

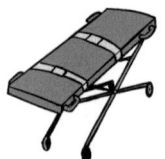

de Draag

برانکار

dat Feverthermometer

دماسنج

de Geboort

زایش

dat Övergewicht

اضافه وزن

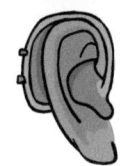

de Höörapparat

سمعک

dat Kiemfriemiddel

ماده ضد غفونی کننده

de Ansteken

عفونت

de Virus

ویروس

dat HIV / AIDS

اچ آی وی / ایدز

dat Heelmiddel

دارو

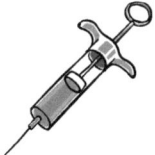

de Impen

واکسیناسیون

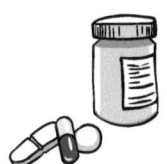

de Tabletten

قرص

de Pill

قرص ضد حاملگی

de Nootroop

تماس اظطراری

de Blootdruck-Meter

دستگاه اندازه گیری فشارخون

krank / gesund

مریض / سالم

Hölp!

کمک!

de Alarm

آژیر خطر

de Överfall

حمله

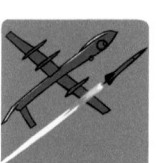

de Angreep

حمله ی فیزیکی

de Gefohr

خطر

de Nootutgang

خروج اظطراری

dat Füer!

آتش

de Füerlöscher

کپسول آتش‌نشانی

de Unfall

تصادف

de Noothölpkoffer

جعبه کمک های اولیه

SOS

درخواست کمک

de Polizei

پلیس

Europa

اروپا

Noordamerika

آمریکای شمالی

Süüdamerika

آمریکای جنوبی

Afrika

آفریقا

Asien

آسیا

Australien

استرالیا

de Atlantik

اقیا نوس اطلس

de Pazifik

اقیانوس آرام

dat Indisch Weltmeer

اقیانوس هند

dat Antarktisch Weltmeer

اقرا نوس اطلس جنوبی

dat Arktisch Weltmeer

اقیانوس منجمد شمالی

de Noordpol

فطب شمال

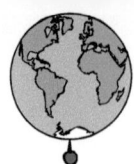

de Süüdpol

قطب جنوب

de Antarktis

قاره قطب جنوب

de Eerd

کره زمین

dat Land

سرزمین

de See

دریا

dat Eiland

جزیره

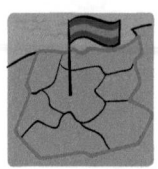

de Natschoon

ملت

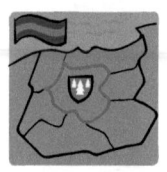

de Staat

کشور

dat Tallenblatt

صفحه ی ساعت

de Stunnenwieser

ساعت شمار

de Minutenwieser

دقیقه شمار

de Sekunnenwieser

ثانیه شمار

Wo laat is dat?

ساعت چند است؟

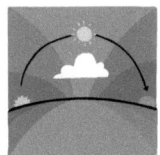

de Dag

روز

de Tiet

زمان

nu

اکنون

de digetaalsch Klock

ساعت دیجیتال

de Minuut

دقیقه

de Stunn

ساعت

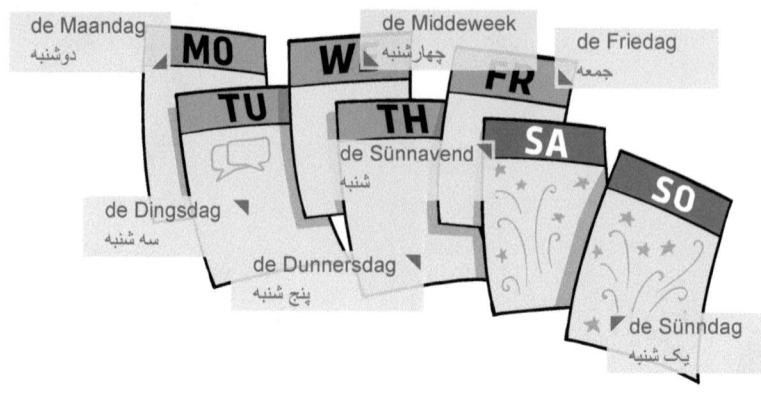

de Maandag
دوشنبه

de Middeweek
چهارشنبه

de Friedag
جمعه

de Dingsdag
سه شنبه

de Dunnersdag
پنج شنبه

de Sünnavend
شنبه

de Sünndag
یک شنبه

güstern

دیروز

hüüt

امروز

morgen

فردا

de Morgen

صبح

de Meddag

ظهر

de Avend

غروب

de Arbeitsdaag

روزهای کاری

dat Wekenenn

آخر هفته

dat Johr

سال

de Regenbagen
رنگین کمان
de Regen
باران
de Snee
برف
de Wind
باد
dat Fröhjohr
بهار
de Harvst
پاییز
de Sommer
تابستان
de Winter
زمستان

4.APRIL 11°
5.APRIL 4°
6.APRIL 13°
7.APRIL 8°
8.APRIL 10°

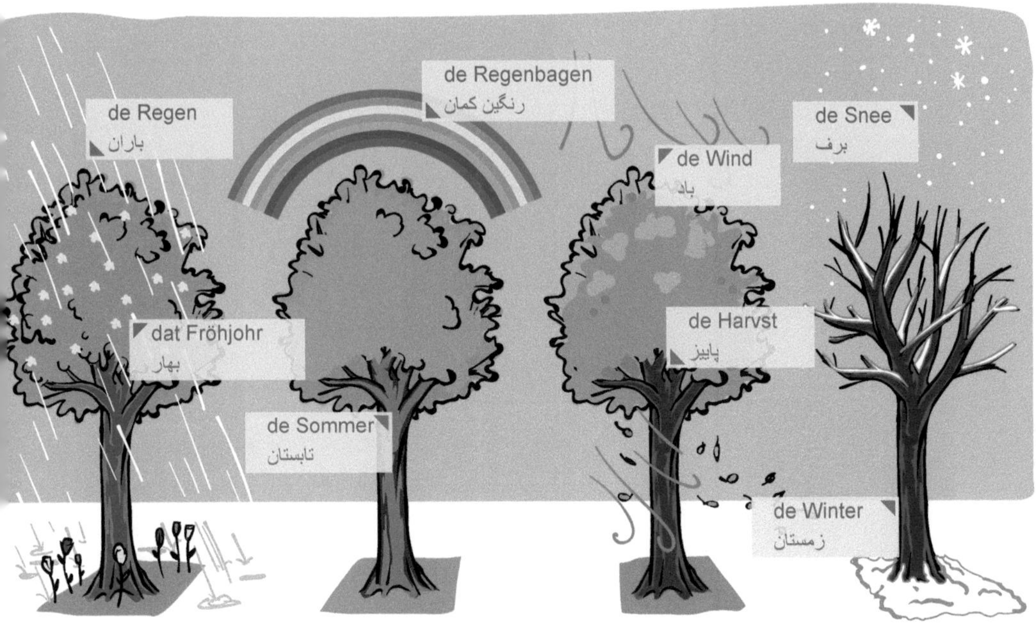

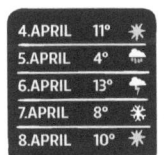

de Wedervörhersaag

پیش‌بینی اوضاع جوی

F C
120 40
90 30
60 20
30 10
0 0
-30 -10
-20

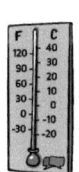

dat Thermometer

دماسنج

de Sünnenschien

تابش آفتاب

de Wulk

ابر

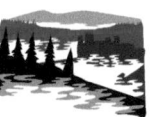

de Nevel

مِه

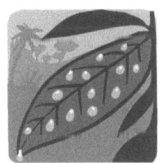

de Luftfuchtigkeit

رطوبت هوا

de Blitz

صاعقه

de Dunner

آسمان غره

de Storm

طوفان

de Hagel

تگرگ

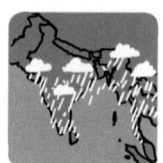

de Monsun

باد موسمی

de Floot

سیل

dat Ies

یخ

de Januormaand

ژانویه

de Februormaand

فوریه

de Martmaand

مارس

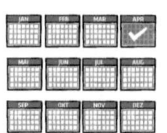

de Aprilmaand

آوریل

de Maimaand

مه

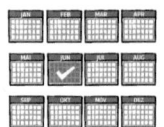

de Junimaand

ژوئن

de Julimaand

ژوئیه

de Augustmaand

آگوست

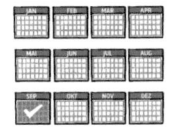

de Septembermaand

سپتامبر

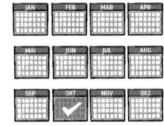

de Oktobermaand

اكتبر

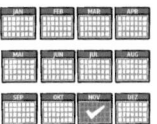

de Novembermaand

نوامبر

de Dezembermaand

دسامبر

de Formen

أشكال

de Krink

دايره

dat Quadrat

مربع

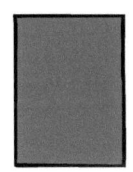

dat Rechteck

مستطيل

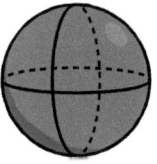

dat Dreeeck

سه گوش

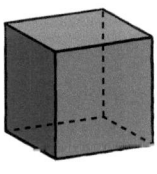

de Kugel

گره

de Wörpel

مكعب مربع

witt

سفید

geel

زرد

orangsch

نارنجی

pink

صورتی

root

قرمز

lila

بنفش

blau

آبی

gröön

سبز

bruun

قهوه ای

gries

خاکستری

swart

سیاه

veel / wenig

خیلی / کم

böös / verdreeglich

خشمگین/ آرام

smuck / mies

زیبا / زشت

de Begünn / dat Enn

شروع / پایان

groot / lütt

بزرگ / کوچک

hell / düüster

روشن / تیره

de Broder / de Süster

برادر / خواهر

schier / schietig

تمیز / آلوده

kumpleet / nich kumpleet

کامل / ناقص

de Dag / de Nacht

روز / شب

doot / lebennig

مرده / زنده

breet / small

پهن / باریک

geneetbor / nich geneetbor

قابل خوردن / غیر قابل خوردن

böös / fründlich

غضبناک / مهربان

fickerig / langwielt

هیجان زده / بی حوصله

dick / dünn

چاق / لاغر

toeerst / toletzt

اولین / آخرین

de Fründ / de Fiend

دوست / دشمن

vull / leddig

پر / خالی

hart / week

سفت / نرم

swoor / licht

سنگین / سبک

de Smacht / de Döst

گرسنگی / تشنگی

krank / gesund

مریض / سالم

nich na't Recht / na't Recht

غیرقانونی / قانونی

klook / dummerhaftig

باهوش / خنگ

linkerhand / rechterhand

چپ / راست

neeg / feern

نزدیک / دور

nieg / bruukt

نو / استفاده شده

nix / wat

هیچ چیز / چیزی

oolt / jung

پیر / جوان

an / ut

روشن / خاموش

apen / slaten

باز / بسته

lies / luut

آهسته / بلند

riek / arm

ثروتمند / فقیر

richtig / verkehrt

درست / غلط

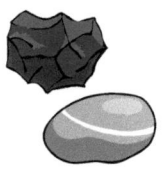

ruug / glatt

زبر / صاف

trurig / glücklich

غمگین / خوشحال

kort / lang

کوتاه / بلند

suutje / flink

کند / تند

natt / dröög

تر / خشک

warm / köhl

گرم / خنک

de Krieg / de Freden

جنگ / صلح

0	**1**	**2**
null	een	twee
صفر	یک	دو

3	**4**	**5**
dree	veer	fief
سه	چهار	پنج

6	**7**	**8**
söss	söven	acht
شش	هفت	هشت

9	**10**	**11**
negen	teihn	ölven
نه	دَه	یازده

12

twölf

دوازده

13

dörteihn

سیزده

14

veerteihn

چهارده

15

föffteihn

پانزده

16

sössteihn

شانزده

17

söventeihn

هفده

18

achtteihn

هجده

19

negenteihn

نوزده

20

twintig

بیست

100

hunnert

صد

1.000

dusend

هزار

1.000.000

million

میلیون

dat Engelsch

انگلیسی

dat Amerikaansch Engelsch

انگلیسی آمریکایی

dat Chineesch Mandarin

چینی ماندارین

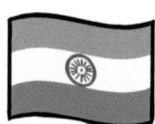

dat Hindi

هندی

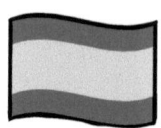

dat Spaansch

اسپانیایی

dat Franzöösch

فرانسوی

dat Araabsch

عربی

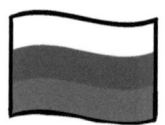

dat Rusch

روسی

dat Portugiesch

پرتغالی

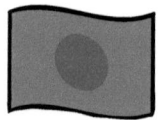

dat Bengaalsch

بنگالی

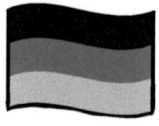

dat Düütsch

آلمانی

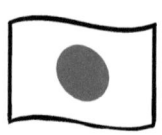

dat Japaansch

ژاپنی

ik

من

du

تو

he / se / dat

او

wi

ما

ji

شما

se

آنها

keen?

چه کسی؟ کی؟

wat?

چی؟

woans?

چگونه؟

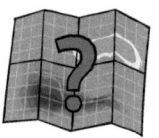

woneem´?

کجا؟

wannehr?

کی؟

de Naam

نام

achter

پشت

in

توی

vör

جلو

över

بالای

op

روی

ünner

زیر

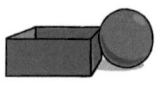

blangen

مجاور

twüschen

بین

de Oort

مکان